Albrecht Selge

Beethovn

Roman

Rowohlt · Berlin

Originalausgabe
Veröffentlicht im Rowohlt · Berlin Verlag, Berlin, März 2020
Copyright © 2020 by Rowohlt · Berlin Verlag GmbH, Berlin
Innentypografie Daniel Sauthoff
Satz Elysium bei Pinkuin Satz und Datentechnik, Berlin
Druck und Bindung CPI books GmbH, Leck, Germany
ISBN 978-3-7371-0068-7

… wirklich Geschehenes und bloß Gedachtes
nicht immer deutlich unterscheiden …

Franz Grillparzer, Erinnerungen an Beethoven

1822

Beethoven war nicht da.

Weder in einem der Häuser, die der junge Louis Schlösser, im Frühjahr aus Darmstadt gekommen, aufgesucht
hatte. Er war, wenn es ihm seine Studien erlaubt hatten,
über die breiten Alleen des Glacis mit ihren Linden, Pap-
peln, bettelnden Kindern hinaus in die Vorstädte gegangen, die ihm genannt worden waren: nach Alt-Lerchen-
feld in ein ebenerdiges Haus *Zu den zwei Wachsstöcken*, wo
ihm eine schwitzende, ihn nervös machende Frau gesagt
hatte, Herr von Beethowen habe hier nur kurz gewohnt;
ins Haus *Zum schwarzen Adler* in der Landstraßer Haupt-
straße, den Ausläufer eines aufgehobenen Augustiner-
klosters, wo er, den in der Rocktasche steckenden Almanach *Aglaja* mit der herausgerissnen Seite auf dem
Oberschenkel spürend, über die dunkle Hauptstiege in
den zweiten Stock gegangen war, um dort vergeblich

an der Türklingel zu ziehen; als er tags darauf wieder-
gekommen war, hatte ihm ein vielleicht vierzehnjähriger,
rotköpfiger Knabe die Tür aufgerissen, der aber nichts
von einem Bethofn wusste; und ins Schilde'sche Haus
in der Windmühler Laimgrubengasse, wo die Hammer-
schläge eines Glockengießers aus offener Werkstatt
gedröhnt hatten und er auf der dunklen, steilen Stiege
schon geahnt, dass erneut ein Irrtum vorliegen musste;
und er Bethowen in der Tat ebenfalls nicht angetroffen
hatte. Das war schon im Herbst gewesen, den Sommer
über hatte er nicht gesucht, weil es auf einer musikalischen Soirée geheißen hatte, der Meister verbringe die
heiße Jahreszeit in Döbling (Ober oder Unter); oder er
sei in Baden.

Noch in der Musikalienhandlung *Steiner & Haslinger*
in der Paternostergasse, wo zur Mittagszeit zu suchen
Schlösser von seinem Kompositionslehrer Seyfried geraten worden war; und Schlösser zwar nicht Beethoven
gefunden, aber viel gelesen und zwischen den dunkel-
hölzernen Theken interessante Bekanntschaften geschlossen hatte, unter andern mit einem jungen, allseits
beliebten Komponisten, dessen Namen er bereits hier
und da erwähnt gefunden hatte, wenn auch niemals mit
nachdrücklicher Betonung. Der wirkte naiv und tief-
sinnig zugleich, ausgelassen und traurig, so als machte
er auf frohe Weise Leichenbittermiene; und hoffte, wie
er einmal sagte, als sie, bald vertraulich geworden, beim
Wein zusammensaßen, von dem Schlösser nicht viel ver-
trug: was seine Kunst angehe, *im Stillen* wohl noch etwas

aus sich selbst machen zu können. Beethoven habe er bei *Steiner* schon öfter gesehen, bestätigte er, und seinen Reden zugehört. Vor einigen Monaten habe er Beethoven einmal eine eigene, ihm gewidmete Komposition in dessen damalige Wohnung überbringen wollen, acht Variationen über ein französisches Lied für Pianoforte auf vier Hände; er habe sich jedoch nicht hineingetraut, sondern schließlich einen Freund vorgeschickt; und seither nichts mehr gehört.

Noch in der *Mehlgrube* am Neuen Markt zum Eck des Palais Schwarzenberg, die Schlösser gemeinsam mit dem dicken Ignaz Schuppanzigh aufsuchte, der gleich Kugelhupf und österreichischen Gebirgswein bestellte und beteuerte, normalerweise pflege Bethoven hier bei einer Tasse starkem Kaffee die Zeitungen zu lesen. Schlösser fand den berühmten Geiger Schuppanzigh gutmütig, gesellig und auf väterliche Art vornehm (mit seiner Manier, alle zu erzen) und überdies beileibe nicht so einfältig, wie ihm da und dort angedeutet worden war oder auch ins Gesicht gesagt; er fragte sich aber, ob ein unwissender Student wie er den Geist eines bedeutenden Mannes beurteilen könne. Große Geister machten ihn nervös, wie Frauen. Trotzdem sehnte er sich danach, Beethoven kennenzulernen. Schuppanzigh lud Schlösser, um ihn wegen der Enttäuschung über Beethovens Ausbleiben zu trösten, zum Essen ein, und Schlösser trank mehr, als ihm lieb war. Leider habe er Bethoven, wiederholte Schuppanzigh, schon seit längerem nicht mehr gesehen, was aber auch nicht zu verwundern sei, weil er, Schuppanzigh, die letzten Jahre immerfort auf Reisen verbracht habe, mit großem Gewinn, zuletzt in Russland, während Bethoven, allem guten Zuraten und allen Einladungen zum Trotz, ständig in Wien bleibe; jedenfalls stimme es nicht, dass Bethoven so rau und finster, unzugänglich und misstrauisch wäre, wie man Schlösser hier und da hatte weismachen wollen; und erst recht sei es, um das nochmals zu sagen, törichtes Gerede, dass der Meister ein Narr wäre oder seine Schöpferkraft versiegt; wie ja auch die neuen Klaviersonaten in E-Dur und As-Dur zeigten, wiewohl sie, sage man (er selbst sehe Klaviersachen nicht an), nicht leicht zu fassen seien; auch habe Bethoven erst vor kurzem bei der Wiedereröffnung des Henslerschen Josefstädter Theaters ein eigenes Werk dirigiert, die *Weihe des Haußes* (leider schändlich herabgeleiert vom Orchester); und er wisse auch sicher, dass Bethoven an einer großen Angelegenheit arbeite, und hoffe *im Stillen*, da er, Schuppanzigh, sich nun wieder in Wien niederlassen wolle, noch auf ein oder das andere Streichquartettchen (das letzte liege Jahre zurück, ein *Quartetto serioso* in f-Moll, ein widerspenstiges Stück, ebenfalls nicht leicht fasslich), und wäre es nur eine Kleinigkeit! – Dann setzte sich ein Bekannter Schuppanzighs zu ihnen, auch den erzte er, und da drehte sich Schlössers Kopf vom Gebirgswein und das Gespräch der andern beiden um gute alte Zeiten, den eitlen Grafen Rasumofsky etc., und um die Plage der Italiener, von der ganz Wien ergriffen sei; Rossini war gerade in der Stadt, dieser Sudler und Dudler, freilich nicht ohne Genie, aber ohne Geschmack etc. pp.

Schlösser, schwindlig und schläfrig, blickte sich im weiträumigen Kaffeehaus um und fragte sich, was ihm auffiel; denn etwas fiel ihm auf, er wusste bloß nicht was. Ein Herr in gelbgestreifter Hose las die *Theaterzeitung*. Einem, dessen Kopf in einer Qualmwolke verborgen schien, hatte ein eigentümlich verbogener Hund die Schnauze aufs Knie gelegt. Die türkischen Pfeifen der Raucher reichten auf den Boden wie Kontrafagotte. Eine Uhr in Gestalt eines goldenen Doppelkopfadlers hing mit pendelndem Bürzel an der Wand.

Dann begriff Schlösser, dass, was ihm auffiel, *Stille und Lärm* war. Es gab nichts dazwischen. Es wurde entweder gelärmt oder geflüstert; oder geschwiegen.

Aber Beethoven kam nicht, es war Schlösser, als ob ihn das Schicksal überall zum Besten haben wollte. Einen Moment lang dachte er, es gäbe Beethoven gar nicht, ein Phantom; dann fiel ihm all die Musik Beethovens ein, die in Darmstadt gespielt worden war, zumal das herrliche Es-Dur-Septett, das er so oft und gern gehört hatte. Schrieb ein Phantom denn Septette?

Am nächsten, bleifarbenen Tag lief Schlösser, den Kopf dick vom Gebirgswein des Vortags, wieder durch die drückenden Gassen der prächtigen Stadt. Im Oktober war der Nordwestföhn über die Stadt gefallen, zu warm und zu windig, man hatte den Staub des Kieselbodens auf der Brust gespürt; jetzt schien oft Nebel. Trotz der Enge war in dem halben Jahr, das er nun bereits in Wien zubrachte, das Herumgehen zu einer seiner Lieblingsbeschäftigungen geworden. Wo er eingeladen wurde, wem er begegnete, all das schrieb er täglich auf in seiner, erfreulich hellen, Wohnung im vierten Stock des Hôtels *Erzherzog Carl*; aber nicht, was er auf seinen Spaziergängen dachte und fühlte, und auch nicht alles, was er sah. Die erschreckenden, verlockenden *unglücklichen Frauen* etwa, die nirgends und überall waren. Die sehr nachdrückliche geheime und Straßen-Polizey. Obacht mit den Worten, hier haben die Wände Ohren. Kam er auf den Graben, atmete er Licht und trank Limonade. – Im Sommer war er wochenends öfter im Prater gewesen, dort gab es Weite. Bei schönem Wetter hatte er sich aufs Gras gesetzt und in der *Aglaja* gelesen. Es waren aus diesem Almanach, den er bald nach seiner Ankunft in Wien gekauft hatte, einige Seiten entfernt, einfach herausgerissen, er hatte es erst beim Lesen bemerkt. Mehrere seiner mitgebrachten Bücher hatte er bei der Polizei vorlegen und schließlich für die Dauer seines Aufenthalts deponieren müssen. *Man kann doch nicht wissen –!*, hatte der Beamte gesagt, ein freundlicher Mann, der Schlösser vorgekommen war wie ein helläugiger Finsterling.

Im Mai und zum Annentag, im Juli, war er bis zu den nächtlichen Kunst- und Feuerwerken im Prater geblieben, den *Feuerdichtungen*, wie sie ein schwarzäugiger, mit Worten malender Gymnasiast aus Kremsmünster nannte, den er dort kennengelernt hatte, dem Blumenspucken, den abbrennenden Phantasien, Raketen wie gellenden Tönen, die die Nachtluft durchschnitten. Himmlisch war das; denn bei aller funkelnden Pracht konnte es nicht die beruhigende Ordnung der Sterne durcheinanderbringen.

An manchen Sommertagen aber hatte es in der Stadt nach Fäulnis gerochen. Da war er einige Male, wie besinnungslos, übers vertrocknete Glacis statt in den Prater in irgendwelche unbekannten Vorstädte hinausgelaufen, wo Donauwasser aus Fässern verkauft wurde.

Nun, wieder im Innern, November, fürchtete er bereits sehr den Licht- und Luftmangel des kommenden Winters. Denn die innere Stadt kam ihm vor, als wären in ihr mehrere Städte übereinander gebaut; die Gassen kauerten unter den prunkvoll drohenden Fassaden, die einander zu nahe kamen, wie Schluchten. Und doch schienen ihm diese übereinander gebauten inneren Städte nur wie eine einzige Dimension einer unendlich größeren Stadt, die er sich in einem nicht recht greifbaren Sinne gefaltet dachte. Als Kind in Darmstadt hatte er sich solche riesenhaften, gefalteten Städte in einem märchenhaften China der Zukunft vorgestellt: als mehrere, aus Gegensätzen bestehende Städte, die ineinander lägen, aber nichts miteinander zu tun hätten, einander unsichtbar. Am Schabbat in der Synagoge, die spitzgieblig in der Ochsengasse stand, war er sich, bereits ein junger Mann, öfter wie um den Knick einer solchen Faltung vorgekommen. Dort oder wieder draußen auf der Straße hatte er vor sich hin gestarrt, als könnte man, wenn man nur lang genug starrte, mehrere Schichten der Welt erkennen, verschiedene Wirklichkeiten, die ineinander geschoben waren, aber nichts miteinander

13

zu tun hatten. Menschen liefen einander über den Weg, ohne dass es einen für den andern gab: einer immerfort durch den andern hindurch.

Aber Wien schien doch säuberlich sortiert. Da war die aufgetürmte innere Stadt der Hofmenschen, der Beamten und Glücklichen, ringbewehrt, übers Glacis dann die Vorstädte, und dann jene Vororte, in die er nicht ging, vor denen hatte man ihn gewarnt. Die innere Stadt, die äußere Stadt und das dahinter. Man konnte hingehen und konnte es doch nicht. Aber was ihn verwirrte, war eben das Unsäuberliche: dass auch *in* den einzelnen Kreisen alle Schichten, alle Lüfte, alle verschiedenen Wirklichkeiten existierten, ineinander geschoben und zugleich einander unsichtbar. Es gab die unglücklichen Frauen und die Dürftigen und gab sie nicht. Sie waren nirgends und überall. Begegnete man dem Bettel, drückte man den Unsichtbaren etwas Geld in die Hand.

Realitätenbesitzer hatte er auf einem Grabstein draußen auf dem Währinger Friedhof gelesen; fragte sich, warum ein so bedeutender Mann wie Beethoven anscheinend kein Haus besaß, sondern zur Miete wohnte; *wenn* er denn irgendwo wohnte; und geisterte ihm das Wort Möglichkeitssinn durch den Kopf, den es geben müsste, wenn es Wirklichkeitssinn gab, und wenn Realitätenbesitzer, dann auch Eventualitätenbesitzer; aber das alles verwirrte ihn nur noch mehr.

Zur Sicherheit schaute er den Himmel über der Stadt an, in dem sich die Ordnung der Sterne tagsüber verbarg, ohne dass sie verloren wäre: der war sicher nur *einer.* Bleigrau noch immer, Sprühregen fiel ihm aufs Gesicht, kleine Feuerstiche auf seine Augen, und immer sah er die Oberkörper und Ränder der hohen Häuser in den Himmel ragen.

Er erinnerte sich an seine Anreise, die dumpfe Luft des Eilwagens während mehrerer Tage und Nächte, kein besonderes Vergnügen auch für einen jungen, am Anfang der Zwanziger stehenden Kunstbeflissenen, er hatte zu ersticken geglaubt. Der hessische Großherzog hatte ihn und seinen Freund, den Kunstmahler Wüst, der sich unterwegs mehrmals übergab, freigebig ausgestattet und Louis Spohr ihm Unterrichtszusagen des Geigers Mayseder und des Komponisten Seyfried, eines Mozartschülers, vermittelt; da sollte er also ein Mozart*enkel*schüler werden; aber wie viel lieber noch wäre er (trotz Spohrs Warnung vor dessen fortwährendem Trübsinn) ein *Beethoven*schüler geworden, ein Beethovensohn, hatte er, dämmrig geworden in der Eilwagen-Stickigkeit, phantasiert … ein natürlicher Sohn Beethovens … Es war April gewesen, das Wetter herrlich, als sie sich über die grüne Wiese der Stadt näherten. Auf einmal tauchten auf der grünen Wiese große Kästen auf, breite Kanäle und Fabriken; da waren die Felder und Wiesen verschwunden. Ein Mitreisender erklärte Schlösser und Wüst, die hohen Kästen seien Baumwollspinnereien. Als sie durch die Vorstädte kamen, sahen sie einige Klöster; aber sie erfuhren, dass es jetzt Seidenzeugmanufakturen seien.

Die Seide hatte Schlösser dann in den großen Wohnungen der engen inneren Stadt gefunden. Er besuchte Privatmusiken und Poetenversammlungen. Er hörte treffliche Quartette und Aufführungen in den Kirchen. Dort war nichts faulig, neblig, drückend. Kunst war Licht. Musik war Licht.

Doch nach dem gestrigen Fehlschlag mit der *Mehlgrube* fühlte Schlösser sich verdrossen. Im Nebel und Sprühregen kam ihm Wien noch giftiger vor als ohnedies. Wie er sich nun eben ganz dieser Niedergeschlagenheit überlassen wollte, las er zu seiner nicht geringen Freude an der Straßenecke für denselben Abend die Oper *Fidelio* angekündigt: im Kärnthnerthortheater, wo doch sonst, seit ein Neapolitaner es aus der Ferne regierte, fast nur noch Italienisches gespielt wurde. Das gab Schlösser einen kräftigen Ruck, so als risse es ihn zurück in die eine, unteilbare Wirklichkeit, die doch der Zweck seines hiesigen Aufenthalts war. Gleich eilte er zum Theater und erdrängelte sich noch eine Karte für einen anständigen Sperrsitz. Das unendliche Stündlein bis zum Beginn verbrachte er bald nervös, bald gemächlich auf und abgehend auf dem Vorplatz des Theaters, vor dem Kärnthner Tor, das aufs Glacis führte. Nun spürte er wieder den Sprühregen und begann zu frösteln, denn beim Hereilen zum Theater war er ins Schwitzen gekommen. Der Vorplatz war hell erleuchtet, dank Wiens neuer Gaslaternen. Die Abschaffung der Dunkelheit; wenn auch aus Gründen der Staatssicherheit, nicht der Vernunft. Mehr Licht! Schlösser freute sich darüber, zugleich kam ihm diese Illuminierung wie ein Eingriff in die Ordnung Gottes vor, ein Hofmeistern im Weltplan.

Wien hustete. Man sollte gar keine Konzerte im November mehr geben, dachte Schlösser. Der ranzige Geruch der Talgkerzen machte die Sache natürlich nicht besser. Und Schlösser bibberte jetzt wieder, nachdem die Wirkung der ersten, bloß scheinbaren Wärme im Saal sich verloren hatte. Erst hätte er sich seines Rocks entledigen, dann einen weiteren überziehen wollen, denn nun wars im Saal elend kalt, an den Zehen zumal. Durch die vielen Leute um Schlösser herum wurde es allmählich um weniges wärmer, aber um vieles stickiger; und der Qualm und Ruß der Kerzen, die zwischendurch immer wieder von Lichtputzern geschneuzt wurden, taten das ihre, so dass ihm wurde, als wär er um einen Knick herum in eine andere Wirklichkeit gelangt.

Und doch wars ihm egal, denn die Aufführung war, trotz der novembrigen Umstände und dreisten Hörstörungen, vortrefflich. Wilhelmine Schröder, dieser aufgehende Stern, sang die Partie der Leonore (ausgezeichnet), Haitzinger den Florestan (lobenswert), Forti den Pizarro (durch die geräuschvolle Instrumentierung mitunter incommodiert, doch feurig in den Hauptmomenten); allein ein junger Bariton namens Nestroy schien Schlösser, bei durchaus erkennbarer darstellerischer Begabung, den nötigen sittlichen Ernst vermissen zu lassen. – Bereits die Ouvertüre war repetiert worden. Alles an dieser schwung- und seelenvollen Musik schien Schlösser Ankündigung, Verheißung, Geheimnis; wenngleich die Bläser des Öfteren fehlten. Verheißung und Geheimnis war ihm auch ein himmlisches Quartett gleich zu Beginn, ein Kanon, der mit den Worten *Mir ist so wunderbar* begann und in dem dann jede Stimme einen andern Text sang, so dass der Sinn aller, zwar hellklaren und deutlichen, Worte sich in Dunkel auflöste, eine Art Lichtnacht; noch nie hatte er dergleichen gehört, ihm schwirrte der Kopf, die Menschen waren Himmelskörper, die sich in unendlich ferner Harmonie umeinander drehen. − Im weiteren Verlauf hatte freilich der erste Akt mit seiner ernüchternden Kleinhäuslichkeit, Rechnungsdurchsicht etc. Schlössers Begeisterung doch ein wenig erkalten lassen, er war sogar, die stickige Luft mochte dazu beigetragen haben, kurz eingeschlafen; als er wieder aufwachte, fühlte er sich jedoch erquickt, und merkwürdig, gleich darauf hatte er bereits ganz vergessen, dass er geschlafen hatte. Denn wie ein elektrisches Fluidum durchzuckten nun die vibrierenden Töne der Sänger und Instrumentalisten das in allen Räumen vollbesetzte Haus! Das Knarzen der Bässe im Graben und die ideale Tiefe dieser Seelenthöne! Junge Männer weinten vor Entzücken! Niemals glaubte Schlösser einen ähnlichen Jubelsturm des Beifalls erlebt zu haben! Noch trunken vor Entzücken über die Finalhymne, das *Hohelied der Gattenliebe*, stand er unbeweglich da, kaum bemerkend, dass die Anwesenden bereits das Haus verließen.

Da belferte ihn ein Logenschließer an. Feierabend, der Herr!

Erschrocken eilte Schlösser ins Foyer, wo er sah, wie zu gleicher Zeit drei Herren aus dem Korridor der Parterrelogen traten, von denen der mittlere Arm in Arm mit den beiden andern ging. Und da machte sich im Menschengedränge eine gewisse Bewegung bemerkbar, die Leute zogen sich zur Seite, um den Dreien Raum zu geben. Schlösser sah sie, wenige Schritte entfernt, nur von der Rückseite und konnte nichts Auffallendes an ihnen wahrnehmen. In diesem Moment klopfte ihm jemand ganz leise auf die Schulter, er drehte sich um: und erkannte den fröhlichen Leichenbitterfranz, seinen Freund.

DAS ist Beethoven, und er deutete mit dem Finger auf die drei.

In eben dem Augenblick drehte einer der Köpfe sich herum, der mittlere, der auf breitschulteriger, gedrungener Gestalt saß, der flammende Lampenschein beleuchtete hell das Gesicht; und obwohl Schlösser die Züge durch Stiche und Bilder wohlbekannt waren und er keineswegs erwartet hatte, den Weltgeist auf Erden zu erblicken – wollte er vor Überraschung oder Entsetzen laut aufschreien, denn das dunkle Antlitz im Flackerlicht kam ihm vor wie das Gesicht eines wilden Mannes, eines Nordamerikaners, pockennarbig, durchlöchert.

Schon hatten die drei das Haus verlassen. Schlösser verabschiedete sich hastig vom Freund und beeilte sich, seinen Mantel auszulösen und auf den Vorplatz zu gelangen. *O welche Lust, in freier Luft …* das Nieseln hatte aufgehört. Die Theaterbesucher verliefen sich schon, und er sah im beinah taghellen Licht der Gaslaternen,

19

wie die drei Männer nach rechts ums Eck des Hauses verschwanden.

Kurzentschlossen ging er ihnen nach, wie ein Schatten.

Die drei Männer bogen bald nach dem Theater in eine kleine Gasse ein, die nur von einigen Laternen mit Talglichtern an den Hauswänden erhellt und so nahezu schummrig war; denn die neuen Gaslaternen standen erst an einigen wenigen, wichtigen Straßen und Plätzen. Schlösser blieb in sicherem Abstand zu den dreien. Der Weg führte durch winkelige Straßen und an hochgegiebelten Häusern vorbei. Nur gelegentlich kreuzte ein später Spaziergänger den Weg. Zwischen zwei Palais stand eine mittelalterliche Kirche, die kam Schlösser besonders dunkel und finster vor. Mehrmals verlor er die Umrisse der drei Männer aus den Augen, aber bald darauf entdeckte er sie wieder. Ein andermal blieben die drei im Licht einer Laterne stehen; doch der gedrungene Mittlere, mit zerzaustem Haar, drehte sich nicht noch einmal um, Schlösser sah ihn nur von hinten, aus etwa zwanzig oder dreißig Metern Entfernung. Dafür konnte er nun die beiden Äußeren genauer erkennen: Sie waren größer als der in der Mitte; der Ältere, rechts, hielt sich beim Mittleren locker eingehakt, während der Jüngere, links, sich an- und einzuschmiegen schien, es hatte etwas Aufdringliches. Beide waren von auffällig aufrechter Haltung; der Rechte sah aus wie ein großer Geist, der Linke wie eine Hopfenstange, er hatte etwas Griesgrämiges.

Schlösser war die Lage jetzt peinlich; er wäre gern zu den dreien gegangen und hätte sie angesprochen, oder genau genommen den Einen, aber es kam ihm ungehörig vor; und er hätte ja, nach dem, was man erzählte, wohl auch lauthals schreien müssen, um sich dem Tauben verständlich zu machen, und das schien ihm zu dieser nächtlichen Stunde ganz und gar unmöglich.

Schließlich gingen die drei weiter, Schlösser setzte die Beschattung fort. Die Gassen der Stadt schienen jetzt völlig verlassen, die Laternen verloschen allmählich, und Schlösser kam sich wie im Dickicht eines Urwalds vor, wie ein Wilder, der andere Wilde verfolgt – mit dem Ziel ihrer Skalpe –, ihre Spur nicht zu verlieren trachtet – und er blickte hinauf über die Wipfel der Palais und sah, dass der Mond hervortrat zwischen der Bewölkung, die doch so bleiern und undurchdringlich gewesen war. Und in eben diesem Moment wars ihm plötzlich, als würde er selbst beschattet und verfolgt. Zuerst dachte er, es wär ein Tier des Urwalds. Er drehte sich um, konnte aber keins und niemand entdecken; fürchtete dennoch um die Kehle oder den eigenen Skalp; die Wände haben Augen und Ohren, *wir sind belauscht mit Ohr und Blick*, er stützte sich mit einer Hand an die Mauer eines Gebäudes, nahm sie gleich wieder weg. Und fröstelte wieder, wie er jetzt erst spürte, denn sein Mantel war zu dünn für lange Wanderungen in der vorwinterlichen Nacht. Auch hatte er Hunger. In der Rocktasche unter dem Mantel spürte er die *Aglaja* mit der herausgerissnen Seite wie einen Ziegel oder Tomahawk.

Als er sich endlich beruhigt hatte und umschaute, waren die drei Männer verschwunden.

Schlösser lief noch eine ganze Weile suchend herum, freilich besorgt, was er antworten sollte, wenn jemand ihn zur Rede stellte, die Polizei, oder auch irgendeine Unglückliche ihn anspräche; einmal meinte er, irgendwo jemandes Schritte zu hören, vielleicht der drei, aber es war nur das Echo seiner eigenen. Er fand Beethoven und die Begleiter nicht wieder. In einer Gasse führte eine Stiege nach unten, die ging er hinab und lief weiter. Dabei sann er dem *Fidelio* nach. Dass dessen Erfolg ein schwerer Schlag für die italienische Mode sei. Der tragische Gedanke, dass der Komponist sein Werk wohl nur im Geiste hatte hören können, wühlte ihn auf. Ob Beethoven wirklich nur noch Kleinigkeiten schreiben würde, wie einige behaupteten, Streichquartette und Klaviersachen? Wiewohl die natürlich *keine* Kleinigkeiten waren, jedoch … woran er wohl gerade schrieb? Ob er noch eine Oper komponieren würde?

Aber wer könnte ein Buch schreiben, so hoch, dass es Beethovens würdig wäre?

Goethe, antwortete es in Schlösser, nur Goethe. Ach, würde Beethoven den *Faust* komponieren. Oder gar einer der großen Toten – Homer, Schiller, Shakespeare? Klopstock?

Aber müsste Beethoven – *Beethoven!* nicht viel mehr als bloß eine weitere Oper schreiben? Eine Art Über-Oper? *Alles* in Einem? Stattdessen … Kleinigkeiten, durfte das sein? War es überhaupt so? Durfte es?

Erschöpft und durchgefroren, wollte Schlösser endlich nach Hause gehen. Dazu musste er zur Kärnthner Straße zurück; aber die war, verloren im Schluchtengewirr der aufgetürmten Städte, nicht zu finden. Auch kam es Schlösser jetzt erneut vor, als würde ihn wer beschatten, oder was. Ein Wilder, ein Tier. Und allmählich spürte er ein Grummeln unter den Füßen, ein leichtes Beben. Das Hausen der Riesen unter der Erde, dachte er, Gog und Magog. Von denen hatte ihm ein junger Wiener Maler erzählt, den er und sein Freund, Wüst der Kunstmahler, neugierig nach St. Stephan begleitet hatten, um dort die Predigten des fanatischen Zacharias Werner, einstigen Schicksalsdichters, zu hören. Woher denn der Name Riesentor stamme, hatte Schlösser den Wiener Maler gefragt, und der hatte geantwortet, man habe beim Bau von St. Stephan, in dunkler, unwissender Zeit, an der Stelle des Tors riesige Knochen gefunden und für die Überreste biblischer Riesen gehalten.

Heute wusste man es natürlich besser. Cuvier hatte die Menschen von Eiszeiten und Mammuts und Fellnashörnern gelehrt, von Paläontologie. Der eifernde Zacharias Werner auf der Kanzel aber, hatte Schlösser gedacht, der glaubte wohl noch an Gog und Magog. Oder wieder. Weil ers wollte.

Und nun bebte die Gasse unter Schlössers Füßen; als donnerte ein langer, langer Eilwagen, voller eingezwängter Menschen, dumpf und stickig, unter der Stadt entlang. Schlösser sah zwischen den Wänden zum Himmel hoch, es war ganz aufgeklärt: Nun endlich waren Sterne

zu sehen, die Ordnung der Sterne, und der Mond leuchtete mit ungehinderter Kraft; *überhell* aber schien der
Himmel, so als könnte es der Menschheit einst gelingen,
den Äther selbst zu beleuchten: nicht bloß von Farben
zerschnitten wie durch die Feuerdichtungen im som-
merlichen Prater, sondern in seiner Gänze illuminiert.
Am Ende könnte der Mensch gar die Sterne in Unordnung bringen. – Bis in die Gasse mit ihren verloschenen
Kerzen herab gelangte freilich nur wenig vom Mond-
licht. Schließlich aber kam Schlösser auf den Graben,
von wo der Weg nach Hause leicht zu finden war. Hier
war nun so viel Licht, dass Schlösser selbst heller zu
werden meinte; er betrachtete staunend seine Hände,
die ihm grau schienen, weiß … bröselig … uralt … und
ich hatte doch gehofft, zitterte Schlösser, die Erde unter
ihm immer noch bebend, oder sogar sicher geglaubt, ich
würde noch fünfzig oder sechzig oder gar siebzig Jahre
leben. Da war er schon durchsichtig.

1823

Beethoven schlief.

Nebenan, im andern Zimmer. Hinter dieser Tür, die sie mit der luftigen Hand berührt. Sie spürt das Holz, winzige Wimmerln in der, ihr unbekannten, Anstrichfarbe, ist ja kein Palais hier mit blasenlos schleiflackierten Türen, nur eine Vorstadtwohnung im zweiten Stock. Die Farbe der Tür würde wohl auch eine andere jetzt nicht erkennen, es muss Nacht sein. Ihr aber ist die verschlossene Tür kein Hindernis, wenn sie hinein will. Von Zeit zu Zeit seh ich den Jungen gern. Aber kann ihn ja nicht sehen: der beißende Schmerz, wenn sie zu sehen versucht. Aber doch bei ihm sein, in Dunkelheit. ICH BIN WAS DA IST.

Sie, sein hilfloser Schatten.

Die nicht schläft, niemals.

Denn wer so viel erlitten hat, wie soll die je wieder

schlafen können? *Über*litten. Ihr von innen zerschnittener Hals, ihre verbrannten Augen. Klar, dass das wach hält. *Ungehindert fließt der Kreis innerer Harmonien:* doch nie um sie, niemals in ihr. Sie ist ja in immer dauernder Dunkelheit unterwegs, in immer dauernder Mittagsnacht. Immer dauern ist anders als ewig, *ewig* und *unendlich* ekeln sie. Alles ist jetzt. Nur nicht die Zukunft: *Die* kennt Josijne nicht. Sonst aber ist alles da, alles bleibt in ihr, sie vergisst nichts. Und wenn sie auch längst kein volles Menschempfinden mehr hat, so hat sie doch nicht keine Empfindungen. Ein Zwischenbereich, der auch ein bisschen körperlich ist. Kann zwar nicht sehen, aber riechen, schmecken, tasten, all das geht als Geist; und vor allem *hören.* Und geht durch diese dunkle Welt, wie es ihr einfällt, die Welt ist dunkler Raum und dunkle Zeit. Sie pfeift auf alles Ewige, auch auf die ewige Ruhe. Denn so, wie sich das ewige Glück wohl abnutzen würde und darum das Paradies, welches auch immer, nicht erstrebenswert ist, so nützt auch das ewige Unglück sich ab und ist darum nicht ganz so fürchterlich, wie die Lebenden es sich ausmalen in ihren Höllenbildern, oder besser: *ausmalten,* denn das Denken an Jenseitse scheint im Lauf der letzten zwei Jahrhunderte arg an Wert verloren zu haben, wie die Gulden und Dukaten während der jüngsten Kriege. Und für sie ist schon gar nichts mehr gemalt. Dafür hat sie manche Sprache gelernt im Lauf der Jahrhunderte und manches andere, und jede Menge gehört: *Musik* und *Vögel.* An den windigen Rhein geht sie manchmal, wo sie Weite spürt, die sie nicht sieht. An die muffige Wien und spürt da Enge, die sie nicht sieht. Manchmal auch, aber bloß nicht zu oft, an die kleine Dijle, auf die Wiesen am Elstervelt, wo sie einmal eine Bäuerin war, wohlhabend und angesehen; bis ein gewisser Spoelberch es abgesehen hatte auf sie (oder eigentlich auf ihren Wohlstand). Und geht auch an viele, viele andre Orte – niemals aber nach Brüssel. Niemals auf den schrecklichen Großen Markt, wo sie Egmond enthaupten und wo sie die arme Josyne verbrennen, eine Frau schon am Rand zum Alter, eine Großmutter auf dem Scheiterhaufen, ein herzzerreißender Anblick muss sie gewesen sein, Jozijne van Vasselaer, Josijne, sogar Françoise einmal genannt, in einem Akt über einen Landkauf. *Sie.* Wer bist du? Verheiratete van Beethoven. Mutter von vier Kindern, die leben, und einigen, die gleich gestorben sind. Ururururgroßmutter Ludwigs des Sechsten. Eine Linie über sechs Punkte verbindet sie mit diesem einen, der hinter der verschlossenen Wimmerln-Tür schläft. Und zahllose Linien verbinden sie mit anderen Punkten. Sie kennt all die Verwandtschaften und Orte, weiß nicht woher, es ist wie mit den weiten Wegen durch die dunkle Welt, die Dinge scheinen zu ihr zu kommen, seit sie nicht mehr lebt; aber nur bestimmte Dinge, ein Teil-Allwissen, sie begreift es nicht und hat längst aufgehört, es begreifen zu wollen. Was aber für sie zählt, ist jeder einzelne Punkt im großen Liniengewirr: das gestorbene Kleinkind ebenso wie der in Öl eingelegte Mann, ihr Urururenkel, Ludwig der Zweite, der Großvater, den sein Enkel Ludwig der Sechste nach

27

jedem Umzug wieder an die Wand der neuen Wohnung hängt. Sie kann den Ölschinken nicht sehen, aber sie riecht ihn und hat ihn öfter berührt. In Türkentracht, erzählen sich die Besucher. Ludwig der Erste aber starb schon mit wenigen Wochen in Mechelen, vor über hundert Jahren, auch das herzzerreißend, ein Jammer, wie er tausendfach geschieht in der Welt. Sie hört die Mutter weinen. Überall weinen Mütter; manchmal auch Väter, aber seltener. Einen Ludwig den Dritten gabs in Antwerpen, der hatte elf Kinder, und Ludwig der Vierte in Antwerpen ist jetzt vierundsechzig Jahre alt – unwahrscheinlich, dass der Sechste so alt wird, er bräuchte immerhin noch elf Jahre bis dahin. Und weitere Ludwig van Beethovens sind noch nach diesem hier geboren, nur fernverwandt mit ihm, im Dorf Leefdaal lebt ein Arbeiter Ludwig van Beethoven, der Siebte, und sein Kind heißt auch so, das ist Ludwig van Beethoven der Zehnte, Unbekannte nicht mitgerechnet, und jetzt fünf Jahre alt und spielt in den Gassen von Leefdaal, wo man den Matsch hört. Na, zu diesem Jungen geht sie gern! Sein helles Lachen, sein helles Weinen. Hört sie ein Kind, hüpft das zerrissene Herz. Wieder ein anderer Ludwig van Beethoven aber, der Achte, starb ebendort als Säugling, eine Mutter weinte, gerade als dieser hier, der Schlafende, aus Bonn nach Wien gekommen war, als hoffnungsvoller junger, aber nicht mehr ganz junger Mann vor dreißig Jahren. Dreißig Jahre, in denen er kein einziges Mal auf Besuch nach Bonn zurückkehrte, auch wenn er gelegentlich davon redete, und in letzter Zeit immer öfter. Und ein dreijähriger Ludwig van Beethoven, der Neunte in ihrer Zählung, starb in Leefdaal in jenem Jahr, als sie hier staunend das fünfte Klavierkonzert des Sechsten hörte, an einem erzkalten Januartag im Palais eines Fürsten mit einem Erzherzog am Klavier, Tonsetzers Erzschüler, jetzt Erzbischof in einem Erzbistum. Der Erzherzog u. -schüler machte weniger Fehler als sein Lehrer, dieser aber konnte viel aufregender spielen, noch immer, obwohl er immer schlechter spielte; das konnte sie beurteilen, sie ist nicht musikalisch gebildet, aber wie viel hat sie nun schon gehört in der langen dunklen Zeit! Das Palais war allzu gut geheizt. Sie hat danach und davor manches Konzert in bitterer Kälte gehört, aber welche Tote wird sich über Kälte beschweren, wenn die Lebende verbrannt wurde.

Sie steckt die Nase zum geschlossenen Fenster hinaus. Schöne kalte Spätherbstnacht, fast Winter, auf der Gasse bloß der Wind und das Knarren und Knarzen der Wände, das vermutlich nur sie hört. Keine Menschen, die sind ans Haus gekettet, man darf in dieser Stadt nachts nicht einfach so raus. Die Sicherheit des Staates verbietet nächtliches Spazierengehen. Es schlafen die Menschen in ihren Betten, träumen sich manches, was sie nicht haben; Ketten sind nicht zu hören, doch irgendwo bellt ein Hund (den Tauben stört er nicht). Nur die Geister gehen, wo und wann sie wollen. Und schwupps, ist sie durch die Tür und steht neben dem schlafenden Nachfahren. Hört seinen Atem in der Dunkelheit. Zwei Menschen im eigenen Dunkel stehen beieinander, ein blinder Geist und ein schlafender Tauber. Sie in ihrer Dunkelheit, er in seiner Stille. Sehen kann sie ihn nicht, aber berühren. Er schläft keineswegs auf dem Rücken wie ein edel Aufgebahrter, sondern eingekauert wie ein Kind, und ist nicht aus kaltem Gips, sondern aus Fleisch, Blut, Haaren, Atem. Natürlich ein Unding, ihn einfach so zu belauschen und sogar anzufassen. Aber wer wills ihr verbieten, und es erschreckt ihn nicht, obwohl er arg empfindlich sein kann. Manchmal wacht er von Wanzenbissen auf. Die würden natürlich auch Unempfindlichere aufschrecken. Was fällt den geistlosen Wanzen ein, so einen Mann zu beißen, für die Wanzen wäre doch jedes Blut gut genug, das Blut von Bettlern und Huren, oder von Fleischhauern und Bierkutschern und Fürstinnen, wenn sie es gehaltvoller wollen. − Manchmal aber wacht er auch von einer leichten Erschütterung auf, wenn die neue Haushälterin, die Alte, nachts durch die Wohnung schlurft; denn auch wenn er nichts hört, so spürt er doch Erschütterungen. Freilich, bei der neuen Haushälterin, der Alten, ist das kein Wunder; Jozijne kriegt auch Erschütterungen, wenn die hereinschlurft, da verzieht sie sich sofort. Schon hört sie was sich regen auf der Küchenbank drüben … vielleicht hat sie sich nur rumgedreht.

Er aber schläft in dieser Nacht erstaunlich ruhig: still und friedlich trotz allem Inneren und Äußeren, das ihn doch bedrücken und aufwühlen muss. Obwohl er im Schlaf immer etwas erhitzt ist, immer ein leichtes Fieber; erquicklich kann das eigentlich nicht sein. Viel bleisüßer Wein steckt im ohnehin mitgenommenen Körper. Vielleicht ist es diese Bleisüße, auf die die Wanzen es abgesehen haben.

Und so empfindlich er auch ist, seinen hilflosen guten Schatten spürt er nie. Josijne aber kann ihn, den überraschenden fernen Nachfahren der Bauernfamilie, spüren, indem sie mit der luftigen Hand über ihn streicht: Seine eigenartige Kugelstirn, in der die einen irgendeine schwellende Geniedrüse vermuten, andere das pochende Wilde, oder beides. Mehrmals berührt sie seine Stirn, zärtlich, luftig; anders als luftig und zärtlich kann sie gar nicht berühren. Seine Pockennarben, Andenken der Kindheit, und die Schnitte vom Rasieren. Die eine Frau stoßen diese Narben ab, einer andern rauben sie das Gleichgewicht. Aber sie sind ja nichts verglichen mit ihren, Josynes, Schnitten im Hals, den Schnitten in der Speiseröhre von den Scherben. Seine Schmerzen sind von ganz anderer Art als ihre. Die Krankheiten, das gebrochene Herz, das Trinken. Und doch gleichen sich alle Schmerzen. Sie spürt seinen ganzen Körper, der einmal, einen klitzekleinen Moment ist das nur her, so stark gewesen ist. Die Ruine eines Zyklopen. Früher meinten die Leute, dieser starke Mann würde hundert Jahre alt. Aber er wird nicht hundert werden. Sie kann nicht in die Zukunft vorweg, das aber weiß sie. Jeder weiß es jetzt; er wohl auch.

Freilich denkt er noch nicht ans Sterben. Wer denkt schon ans Sterben, wenn er noch so viel vorhat?

Nicht nur ein Übergriff ist es, den schlafenden Beethoven zu streicheln, sondern vielleicht auch ein Eingriff. Denn wenn die Geister einen Menschen streicheln, dann träumt er. Was, darauf haben die Geister allerdings keinen Einfluss und erfahren sie nicht. Auch das so ein Teil-Allwissen. Denn dass es überhaupt andere Geister gibt, ist bloß eine Vermutung von Josijne, sie kann sie nicht fühlen, hören, riechen, schmecken; und auch nicht *sehen* (was für einen blinden Geist doch nicht abwegig wär, eine blinde Geisterseherin zu sein). Sie geht davon aus, dass es viele Geister gibt. Und möglicherweise ist ja das das Schlimmste: eins von vielen zu sein, aber keins wahrnehmen zu können außer sich selbst. Manchmal ahnt sie eins in der Nähe, aber das kann ebenso gut Einbildung sein.

Aber so gehts ja auch den Lebenden.

Ludwig der Sechste hat eins in der Nähe, das hat er sich mit großem Aufwand herangezerrt, den Sechzehnjährigen, den er Sohn nennt, der ihn aber nicht Vater nennen mag. Der schläft hinter einer anderen Tür. Er wohnt jetzt wieder bei ihm, die Jahre davor hat er meist im Internat gelebt, im Institut. Auch da ist sie manchmal hingegangen, auch dieser Wunschsohn ist ein Punkt, mit dem eine direkte Linie sie verbindet, eine Linie über acht Punkte. Möchtegernvater und Wunschsohn aber verbindet eine Linie um einen Knick, sie sind Onkel und Neffe, eine gefaltete Familie. Beim Klavierunterricht des Wunschsohns war sie anfangs auch öfter dabei, eine Qual. Ein Musiker sollte aus ihm gemacht werden. Der freundliche Herr Czerny blieb geduldig und deutete Zweifel an. Der Junge war begabt, aber nicht begabt genug, und ohne Leidenschaft für Musik. Er sehnte sich nach seiner Mutter, die er nicht sehen sollte, weil der Möchtegernvater sie für Wunschsohns Verderben hielt, die Königin der Nacht. Dann wäre er also der Sarastro und der Junge die Pamina. – Der Wunschsohn hat andere Talente. Er scheint manchmal aufzumerken, so als nehme er von ihr, Josyne, etwas wahr. Das kommt vor; und bei Sechzehnjährigen häufiger als bei Kindern und Männern. – Trotz allem spielen Möchtegernvater und Wunschsohn manchmal gemeinsam Klavier. Der Möchtegernvater achtet auf den Wunschsohn, der Wunschsohn hört den Möchtegernvater.

Helfen kann sie dem Sechzehnjährigen nicht. Es gab ja auch Menschen, die ihr helfen wollten, als der Spoelberch es auf sie abgesehen hatte, aber es hat nicht genützt. Ein Mensch kann schon einem anderen Menschen nichts ersparen, wie soll da erst ein Geist einem Menschen etwas ersparen.

Ein anderes hatte der Schlafende auch einst in der Nähe, aber das ist tot. Eine Frau. Oh, die hatte sie gern! Und konnte ihr auch nicht helfen. Mit der verband sie gar keine Linie.

Der Gehilf aber, der mit der gequetschten Stimme und den kriecherischen Worten, nimmt nichts von ihr, Françoise, wahr. Der redet und redet auf den *großen Meister* ein, wegen des Trinkens und des Schlafens und der Gesundheit und um der *großen Werke* willen, die er schreiben möge (und ihm erklären). Eigentlich *schreibt* er auf ihn ein, wie es alle tun, weil der große Meister ja nichts hört; aber der Gehilf pflegt beim Schreiben mitzumurmeln, so dass das Murmeln der Quetschstimme und das Kritzeln des Bleistifts zu einem untrennbaren unschönen Mischkratzklang sich verbinden. Gut, dass er *das* nicht hören kann! Wie der Gehilf wohl aussieht? Ihn mag sie nicht ertasten, sie kann ihn nicht leiden; auch wenn er seine guten, hilfreichen, in seiner dummen Bewunderung rührenden Seiten haben mag, ist er ihr widerwärtig. Einen menschlichen Bleistift stellt sie sich vor. Eine Zeitlang hat der Bleistift sogar bei seinem Meister gewohnt, im hinteren Zimmer der vorigen Wohnung. Jetzt zum Glück nicht mehr, aber er haust dennoch jeden Tag hier. Der Sechzehnjährige ist ihr lieber, ihr Urururururenkel, der sich hier so unhäuslich fühlt. Der hat den schönen Geruch eines jungen Mannes. Der Geruch des Gehilf-Bleistifts hat etwas Ältliches, Säuerliches; obgleich er wohl gar nicht alt ist und dauernd Süßholz raspelt. Beethoven aber riecht nicht alt, er riecht nicht verwahrlost. Er wäscht sich mit kaltem Wasser, schüttet es kübelweise über sich, wie unter Zwang, um sich abzukühlen; und badet und badet. Er riecht klar. Obwohl sein Körper nachts schwitzt vom bleisüßen Alkohol, den er tagsüber aufnimmt. – Von dem, was der Hilfsbleistift einst über den größten aller Meister erzählen wird, schwant ihr nichts Gutes. Aber sie fürchtet ihn nicht. Nur vor der neuen Haushälterin, der Alten, ist sie auf der Hut. Bei der hält sie die Luft an. Freilich nicht aus Angst. Hat ja im Lauf der Jahre schon einige Bediente kennengelernt bei ihm, sie kommen und gehen wie die Wohnungen: die fürsorglichen Schneiders; die Furie, die ihm das Gesicht zerkratzte. Ein Kommen und Gehen wie die Menschen auf der Welt, nur sie bleibt, hilfloser guter Schatten, der keinen Schatten wirft. Folgenloser Spitzel.

Auf dem Nachtkastl die schmucklose hölzerne Geldkassette (am liebsten würde er sie wahrscheinlich unter dem Kopfkissen verwahren, aus Angst, bestohlen zu werden) und daneben ein gefaltetes Papier, auf dem man sich mit dem Tauben unterhalten kann, über Knick. Oder er notiert, was ihm einfällt, oft hört sie den Stift auf dem Papier, ohne dass ein Gespräch stattfände. Das energische Ritschen, wenn er Notenlinien zieht, erkennt sie gleich, und ihr geübtes Ohr kann das Notennotieren vom Buchstabennotieren unterscheiden. Zwei Bleistifte liegen neben dem Papier, sie nimmt sie in die Hand, sorgfältig gespitzt sind die Stifte, sie überlegt, was aufs Papier zu kritzeln, mit ihrer hauchzarten blinden Schrift, die sie sich im Lauf der luftigen Jahre angeeignet hat, den Spaß erlaubt sie sich manchmal. Sollen die später sich mal wundern und rätseln.

Und geht wieder hinüber ins große leere Zimmer. Das gar nicht leer ist. Wer genau hinzuhören vermag, der hört es krabbeln und knirschen, Leben in den Wänden, Atmen der Materie. Und sogar den Fischgeruch in der Luft kann man hören, wenn man sich anstrengt. Und das Ächzen der Wände riechen. Und den Geruch werdender Musik spüren, der in der Luft liegt, den

Geruch angeschlagener Tasten, gesummter Töne, sogar vorgestellter und gedachter Klänge. – Auch wenn sie nichts sieht, umkurvt sie mit blinder Sicherheit die Flaschen, die auf dem Boden herumstehen, leere und volle. Anders als der polternde, stolpernde Hausherr! So wie der sich beim Rasieren schneidet, stößt er in den Zimmern ständig Dinge um, wie ein achtloses Kind. Freilich, zu den Sorgen und Lasten, die er trägt, gehören nicht nur die Taubheit, sondern auch tumultischer Unterleib und flackerndes Augenlicht; und wohl überhaupt so eine Grund-Unruhe, ohne die aber ja nichts ginge in einem derartigen Leben. Sie hingegen stolpert nie in der verrumpelten Wohnung. Und geht auch an den aufgerissenen neuen Paketen mit Wein vom Rhein vorbei, die ein Herr Seelig liefert. Manchmal werden hier im Haus Scherze gemacht über Wein und rein und Rheinweinseligkeit, die sind ihr zu blöd. Auf dem Schreibschrank aber stehen Dinge aus anderen Sphären. Am hinteren Rand, oben auf der Schreib-Einfriedung zwischen allerlei betastbarem Nippes (lanzengaloppierende Reiterfigürchen, Engelchen auf Schlitten), eine besondere Büste aus Porzellan: unterarmhoch, doch der Kopf selbst macht nur ein Viertel der Höhe aus; ein weiteres Viertel ist das faltenreich umwickelte Brustviereck, das im Nichts endet, so als hätte man die Arme und alles vom Bauch an abgeschnitten; und die restlichen zwei Viertel bestehen aus übereinander geklebten Sockeln, nicht weniger als vier, auf dem zweituntersten kann man mit den Fingerspitzen lesen:

LUC. BRUTUS

Gekräuseltes Haar und riesengroße Ohren hat das Brutusköpfchen. Welche Farbe mag die Büste haben? Die Haare stellt sie sich feuerrot vor und den Faltenwurf ums Brusteck bunt wie Blätter im Herbst; aber wer weiß.

Vielleicht soll das Brutusköpfchen ja den Schatz bewachen, der tief unter ihm vergraben ist? Der flache Holzkasten mit dem Schiebedeckel ist in der linken hinteren Schublade versenkt, darin Aktien von erheblichem Wert und zwei kleine Frauenporträts und der Brief an die gestorbene Unsterbliche. Von diesem vergrabenen Schatz wissen nur drei, der taube Hausherr natürlich, das verschwiegene Brutusköpfchen vermutlich und gewiss sie, die Blinde. Selbst der Wunschsohn und der herumschnüffelnde bleisüße Gehilf und die neue Haushälterin, die Alte, ahnen nichts. Und die täglichen Besucher schon gar nicht. Deren Blick fällt eher auf die drei Sätze unter Glas. Die kann wiederum sie beim besten Willen nicht ertasten, durch Glas vermag auch sie nicht mit Fingern zu lesen. Aber mancher Gast hat diese geheimnisvollen Sätze (vielleicht auch, schwant ihr, bloßer Wort-Nippes) schon vorgelesen, und manchmal liest auch Beethoven selbst sie vor – wem auch immer:

ICH BIN WAS DA IST

Das klingt ihr wie aus der Heiligen Schrift und nicht.

ICH BIN ALLES WAS IST WAS WAR WAS SEIN WIRD KEIN STERBLICHER MENSCH HAT MEINEN SCHLEIER AUFGEHOBEN

So, so, denkt sie da; und hat unter ihrem Schleier keinen blassen Dunst, was sein wird in dunklem Raum und dunkler Zeit.

ER IST EINZIG UND VON IHM SELBST UND DIESEM EINZIGEN SIND ALLE DINGE IHR DASEIN SCHULDIG

Wenn sie aber eins der metallischen Rohre nimmt, die, selten berührt, oben auf der Schreib-Einfriedung liegen, zwischen dem Brutusköpfchen und der Uhr, die sich anfühlt wie ein aufgestelltes Särglein, freilich auf Löwenfüßchen und mit aufgeklebtem Frauenköpfchen obendrauf – da stellt sie sich vor, mit diesen Dingen versuchte ein Hexenmeister den EINZIGEN, den ALLES, den ICH BIN einzufangen. Doch er hat mit den Rohren ganz wen anders einzufangen versucht, vergeblich: den *neidischen Dämon*, wie er ihn zuerst nannte. Tausend Namen hat er dem Dämon seither gegeben, diesem Ohrwurm, verzweifelt dahergeschwätzt, muss man schon sagen, in törichter Selbstdiagnose. Mal sei eine Erkältung schuld gewesen, mal der ewige Tumult im Unterleib. Jetzt aber – ist er nur mehr taub; fast vollkommen. Noch hört er zwar höchste Töne, und ganz gelegentlich geht ein Kläpplein im Gehör auf. Dennoch. Er ist taub.

Ein Grauen, das auch sein Gutes hat.

Er hat sich ja schon gänzlich taub gestellt, als ers noch gar nicht war, wenn Nervensägen ihm begegneten. Und, vor allem, er hört nicht nur weniger, sondern auch mehr als andere: Unerträgliches sowohl als auch Musik. Wie hat sie ihn bedauert, als er vor Jahren, als der Krieg herkam, im Haus seines Bruders den Kopf unter Kissen steckte wie ein verängstigtes Kind, weil er das Geräusch der Kanonen nicht ertrug; das anderen nur laut und furchteinflößend ist, böser Lärm, nicht aber *unerträglich* wie ihm. Und er hört natürlich Stimmen wie kein anderer. Das sind keine Menschenstimmen, auch keine Engelstimmen, sondern einfach: *Stimmen.*

Seine vier Stimmen sind ihr die liebsten. Warum berühren diese ihr unklaren Töne sie derart, so als tippte sie wer – sanft, freundlich, erschütternd – an die luftige Schulter?

Sie ertastet die Kleckse auf dem Papier. Luftige Tintenwimmerln. Ausgestreute Sterne, ein scheinbares Durcheinander, in Wahrheit höhere Ordnung, oder in dieser Form noch: höheres Sich-Ordnen – Musik um den Knick einer Faltung. Vielleicht erkennen ihre über Jahrhunderte geübten bäuerlichen, weiblichen Fingerspitzen mehr als manches fachmännische Auge. Allerdings hat sie unlautere Hilfe dabei. Denn manchmal summt oder deklamiert er was, während er an den vier Stimmen webt. Für wen summt er? Er weiß ja keinen dabei, und sich selbst hören kann er schon gar nicht.

Aber sie merkt, es sind gar nicht die vier Stimmen auf dem Papier. Es ist wieder das Menschheits-Spektakel, der utopische Krakeel. Seit einiger Zeit schon hat er die Stimmen beiseitegelegt, um wieder an dem Spektakel zu arbeiten, oft bis tief in die Nacht. Keins wie die Schlachtensinfonie mit ihrem Kanonendonner (bei der empfindsame Köpfe sich unterm Kissen verstecken mögen), aber doch ein Spektakel. Neben den Papieren ein leeres Glas. Diese Dinge gehören bei ihm wohl zusammen: Freude trinken. Die Natur, Küsse gab sie uns und Reben. Feuertrunkenes Betreten. – Allerdings bechert er auch, wenn er an den vier Stimmen webt. Wein und Süße und Blei.

Hinter den Papieren liegt die Brille, aus starkem Nickel, sehr modern wohl, mit kreisrunden Gläsern. Die trägt er beim Schreiben und beim Lesen. Wie es wohl ist, durch eine Brille zu schauen? Sie hat natürlich nie eine getragen, das war für sie ein fernes Wunderding. Sie fragt sich, wie ihr Urururururenkel, der vielbetastete, vielgehörte, wohl aussieht. Sie weiß, dass es Bilder von ihm gibt, er hat einige Male für Maler gesessen, erstaunlich geduldig. Sie aber macht sich ihre eigenen Bilder, ertastete, erhörte, vorgestellte. Auf diesen Bildern trägt er immer eine Brille. Sie kann sich Beethoven ohne Brille nicht vorstellen.

Dann wendet sie sich ab von dem Schreibschrank. Durchkurvt das Zimmer, ohne zu stolpern über all die verstreuten Partituren, Hemden, geliehenen Bücher. Ein Tohuwabohu. Seine eigenen Bücher stehen im Regal. In anderen Häusern gibt es mehr, aber es sind auch nicht wenige; weniger als in einem Palais, mehr als in einem Bauernhaus. Sie streichelt ihre Rücken und riecht das Papier. Schade, dass sie die Bücher nicht lesen kann. Könnte sie, würde sie wohl Jahrhundert um Jahrhundert verlesen.

Das Einzige, worüber sie diesmal stolpern könnte, ist

das Fehlen des Klaviers. Aber sie weiß Bescheid, sie war ja beim Abtransport zugegen. Schon seit einigen Tagen ist es fort, ein Besucher durfte es ausleihen, der freundliche, stets willkommene Moscheles, der ein Konzert im Theater darauf spielen will. Ein mächtiger englischer Flügel, und mächtig in Unordnung, als wären die steinernen Sterne hineingehagelt. Darum ließ Moscheles den Klavierklepper erst zum Klavierpäppler Graf bringen, der ihn instand setzen soll. Beethoven ist gleich, wie das Klavier klingt, er drischt es zuschanden. Nur laut muss es sein und kann nie laut genug sein. Immer lauter sind seine Flügel geworden, und er erkundigt sich bereits nach noch lauteren mit vier, fünf, sechs Saiten je Ton (als ob das noch einen Unterschied machte); so wie sein Kaffee immer stärker sein muss, der ihn in der Frühe aus dem bleisüßen Schlaf zu reißen hat. Die Kaffeemaschine, einen gläsernen Kolben, hütet er auch wie einen Schatz, sie steht auf dem Fensterbrett, und die Kaffeebohnen verwahrt er im Schrank, weil er die Haushälterin verdächtigt, welche zu stibitzen. Den englischen Flügel aber hat er herausgerückt, darauf kann der Moscheles sich was einbilden. Denn wenn Beethoven auch schon lang nicht mehr auftritt und nicht mehr viel spielt (und schon gar nicht am Klavier komponiert), schlägt er doch öfter auf dem Klavier etwas an. Selten vor Gästen, auch wenn die ständig drum bitten; tut er es doch, führt das meist zu Enttäuschung: Einmal hat er die leisen Töne ganz leise angeschlagen und war fürchterlich bewegt, aber die Gäste vernahmen keinen Hauch mehr, es kam ihnen tonlos und trostlos vor, diese innere Bewegung des Pianisten, die nicht mehr hörbar wird. *Sie* allerdings hörte diese Töne. Und *er* ja auch. Also ist es gut, dass er fast nur noch spielt, wenn er sich allein wähnt; dann allerdings haut und prügelt er auch oft hinein, um etwas zu vernehmen. Wer es hört, sind die Nachbarn. Ab und zu tut er das sogar, wenn er bis tief in die Nacht arbeitet; oder was für die Sehenden und Hörenden Nacht ist, für die Menschen in Betten und Ketten.

Wenn er hören könnte, was er anschlägt, da würde er staunen. Wirres Geklinge, raunen sich die Besucher zu, denen die fragwürdige Gnade zuteilwird, das zu hören. Die Töne selbst sind in Unordnung, gesprungen, aus ihren Umlaufbahnen und aus den eigenen Schwingungen geraten, kleinste Über- und Unterteilchen abgesprengt, Vierteltöne, Achtelchen, schwirrende mickrige Sieb- und Neunzehntel, wer will das messen. Da würde er wohl einen Heidenschreck bekommen, wenn er die Wirklichkeit hörte. Aber was ist Wirklichkeit? Für den Tauben hört, für die Blinde sieht die Wirklichkeit sich anders an. Mal hören, was der Klavierbauer aus dem malträtierten Apparat wieder machen wird; der Herr Moscheles will ja, unvorstellbar, auftreten damit. Vielleicht geht sie dann ins Theater. Ihr aber gefiel das Klavier auch zuschanden gerichtet, fast ist ihr, als wär es eigens so präpariert gewesen – als hätte ein Irrer, ein Nordamerikaner mit dem Skalpiermesser einige Saiten zerschnitten und zwischen andere Kautschuk oder Nägel geklemmt. Und manchmal spielt sie selbst auf dem verheerten, klirrenden Instrument. Ganz leise nur, luftig, zuerst bloß mit dem Zeigefinger, dann wagt sich allmählich ein oder das andre Fingerlein dazu. Sie hat natürlich das Klavierspielen nie gelernt, aber im Lauf der Jahrhunderte eignet man sich einiges an. Neulich hat sie sich ein hübsches rührendes Thema ausgedacht, ein Geisterthema geradezu, vielleicht flüstert sich das irgendwann einmal irgendeinem träumenden Komponisten ein, hier oder an der Dijle oder am Rhein, wenn sie ihn im rechten Moment im Schlaf berührt.

Manchmal steckt sie beim Spielen auch den Kopf in diesen Trichter, den Beethoven sich auf den Flügel, oberhalb der Tastatur, hat pfropfen lassen, erdacht wie die einstaubenden Hörrohre vom berühmten Automatenbauer und musikalischen Düsentrieb Mälzel. Dieser Klaviertrichter ist ein umgekehrtes Hörrohr, man steckt es nicht in den Kopf, sondern den Kopf in es, eine Art Hörhöhle. Für den Tauben mag diese Hörhöhle nutzlos sein. Sie aber stellt sich vor, das Innere des zersprengten Klangs zu betreten, wenn sie den Kopf hineinsteckt. Und mit dem luftigen Zeigefinger einen zerschlagenen Ton spielt.

Na, nun ist es erstmal weg. Beethovens Arbeitszimmer ohne Klavier, eine schreiende Leere.

Vom zersprengten Flügel bis zu den sich ordnenden Stimmen, ganz andere Stimmen sind das als die, die sie draußen zu hören bekommt: wenn sie durch die immer dunkle Welt geht, um ihre Ludwigs aufzusuchen und all die anderen. Dazu braucht sie keinen Spazierstock

und keinen Kompass, wie sie hier neben der Tür stehen. Sie trägt den Kompass in sich, auch das ein unbe-
greifliches Teil-Allwissen, jedenfalls kommt sie immer
ans Ziel. Ganz andere Klänge: Rufen und Lachen, zan-
kende Stimmen eines Mannes und einer Frau aus einem
offenen Fenster, Räderknirschen, Glockenläuten, lär-
mende Hämmer, pochende Herzen. Vögel. Die eifernde
Schönheit ihrer Stimmen. Zu dieser kalten Zeit sind nur
wenige zu hören, doch ein paar zwitschern und ticki-
ckickern auch jetzt. Es mögen Kampfrufe sein, warum
nennt man es Singen? Als ob alles Singen wäre in der
Welt. Die Natur wird leiser im Winter, aber still ist sie
ja niemals. Im Gegenteil hört sie, weil im Winter mehr
Raum ist, mehr und feiner als im Sommer. Der Sommer
ist Spektakel, der Winter sind Stimmen.

Wenn man es so nennt, ähneln die Klänge draußen
und drinnen wieder einander.

Wie es sie gerührt hat, als sie einmal die, gegenüber
dem Reichtum der Natur, so dürftige Nachahmung des
Kuckucksrufs in einer seiner Musiken hörte; zu schwei-
gen von der Nachtigall, dem unendlichen Vogel. Malerei
oder Empfindung aber ist ihr wurst. Und wenn sie im
Sommer die Vögel in der Dunkelheit hört, ob Nachtigall,
Wachtel, Drossel oder selbst das rollende Krächzen des
Tannenhähers, dann malt *und* empfindet es in ihr. Keine
Papageien aber und grunzende, stinkende Hoatzins; denn
obwohl einige ihrer Nachfahren auch schon in neuen
Welten leben (und wer weiß, wohin es künftige Ludwig
van Beethovens noch verschlagen wird), bleibt sie meist

in den im Großen und Ganzen wenn nicht vertrauten, so doch irgendwie verständlichen Gegenden. Geht an Dijle, Rhein und Wien statt an Orinoco und Mississippi (irgendwas muss man sich für kommende Jahrhunderte aufheben), und nicht ins Hochgebirge, sondern höchstens durch hügelige Landschaften. Manchmal kommt sie durch prasselnden Eisregen, der sie nicht durchnässt, nur leicht benetzt, angenehm, zumal wenn er auf die Lider fällt. Und da sind die Bäume, die seltsam, fast peinlich tröstenden Bäume. Wenn der Wind weht, hört sie sie rauschen, das hört ja jeder; außer ihm. Sie aber hört die Bäume auch wachsen, das können wohl nur Geister. Und wenn es vollkommen windstill ist, hört sie die Bäume sogar tanzen.

Die Wolken aber vermisst sie. Manchmal lauscht sie, ob sie nicht etwas von ihnen vernehmen kann, doch hört nur den Wind, riecht Frische, Nässe, Fäulnis. Nie jedoch die Wolken. Und nichts von den Sternen, nur völlige Stille, wenn sie nach denen wittert.

Der Geruch der großen, feuchten Wiesen hingegen ist noch da. Der ging ihr früher über alles. Die Wiesen der Kindheit, auf denen sie spielte, wenn sie nicht arbeiten musste; sie arbeitete viel als Kind, und doch kam das Spielen ihr ewig vor. Heute sind diese Wiesen ihr ebenso fern und vertraut, so lieb und unlieb wie die Salons, die eine ganz eigene Luft und ihren eigenen Klang haben. Und vertraut sind ihr auch jene Salonherren, jene Geistesmänner, die auf großen feuchten Wiesen elend zu Tode kamen. Der komponierende preußische

Prinz, dieser apollinische Sportsmann, den Beethoven so liebte und den, nachdem sein Pferd an einem Zaun hängenblieb, ein französischer Unteroffizier von hinten erschlug und dessen Leiche Plünderer den Pallasch in die Brust stießen und die Kleider herunterrissen. Freilich, er durfte sich nicht beschweren, er war auch nicht zimperlich gewesen. Aber der Graf Kinsky, Beethovens Gönner, der in Böhmen vom Pferd fiel und sich das Genick brach, das war schon Pech, der hätte sich beschweren dürfen. Hätte nur nichts genützt. Was hat ihr die Verzweiflung genützt? Die Welt ist nicht Singen.

Doch es gibt Musik und Vögel.

Die Vögel hört sie, wenn sie durch die Welt geht. Die Musik hört sie, wenn sie durch die Häuser geht. Nicht nur durch die Salons und die musikalischen Häuser. In viele, viele, viele Zimmer geht sie und zu vielen, vielen, vielen Menschen, kaum zu glauben, dass ein einzelner Geist zu so vielen Menschen gehen kann; aber so sind die Gesetze, die Zeitflüsse von Menschen und Geistern sind verschieden. Sie geht auch in die winzigen Zimmer der unglücklichen Frauen. In denen sich manchmal auch die Männer selbst unglücklich machen, dennoch lassen sie sich ihr blödes Getriebensein nicht austreiben. Die Welt als Wille des Mannes und die Frau als Vorstellung. *Er* aber hält sich von den unglücklichen Frauen fern, heutzutage zumindest, ist ja nicht mehr der Jüngste und Moralapostel noch dazu. Einmal hat sie aber in so einem unglücklichen Zimmer einen Mann erkannt, dem sie schon öfter begegnet ist, wie auch seiner Musik,

seinen Tänzen und Liedern, so ein Fröhlich-Unglück-
licher, der sie aus irgendeinem Grund besonders ans
Herz fasst; und der steckte in so einem unglücklichen
winzigen Zimmer bei einer unglücklichen Frau, obwohl
sie, Josyne, nicht mal sicher ist, ob der sich überhaupt
von Frauen gereizt fühlt; und hat sich dennoch unglücklich gemacht da, eine Krankheit von der Unglücklichen
aufgeklaubt, das spürte Jozijne sofort, grausig, schaurig.
Nach seinem Unglück freilich wird man später noch
fragen, weil er singen konnte; nach dem Unglück der
unglücklichen Frau aber, die doch genauso von der
Krankheit zerfressen wird wie er, wird niemand fragen,
denn sie sang nicht, und wenn, dann nur so, dass es
niemand hörte. Eine schöne tiefe Stimme hatte diese
Unglückliche, und samtiges Haar und Hoffnungen und
Träume, die keine Rolle spielen in dieser Welt. Josijne aber
war dabei und konnte nicht helfen. Sie war auch dabei
und konnte nicht helfen, als ihren Urururururenkel, der
bester Dinge war und auf Reise mit dem Wüstling und
Schöngeist Lichnowsky, ein Rattenflöhchen biss, in Berlin an der Spree, wo es ihr gar nicht gefällt, nur Staub
und Steifheit dort; und sie spürte da gleich das Unglück,
schaurig, grausig, das Rattenflöhchen (ihm kann es egal
sein, wen es beißt, wie den Wanzen) war der Dämon und
sie der hilflose gute Schatten des unbemerkt Gebisse-
nen. Da war er erst fünfundzwanzig, eine seiner letzten
Reisen. In Wien ist er nun seit Jahrzehnten rastlos am
selben Ort. Noch immer, immer wieder mal, redet er von
England. Dem Land, wo die lauten Flügel herkommen.

Wo die Luft besser ist, wo es nicht so stickig ist und das Denken und Sprechen freier. Aber er wird nicht mehr dorthin ziehen, das weiß sie, und er wohl auch.

Hört sie ihn über Wien reden, *das hässliche Wien*, ist es wohl gut, dass sie Wien nicht sehen kann. *Allein im hässlichen Wien.*

Der Geruch ist manchmal nicht besser. Ob Wien leuchtet, weiß sie nicht, aber es ist stickig. Wien riecht.

Nach fauligem Wasser. Und nach Weihrauch. Alles katholisch hier; nun ja, fast. Wo sie einst lebte, da lagen das Katholische und das Protestantische im heillosen Knäuel gegeneinander. Beethoven aber, der doch selbst katholisch ist, nachdem seine Vor-, ihre Nachfahren zwischen Flandern und Rheinland hin und wieder her konvertiert sind, und der seit Jahren an einer enormen Messe werkelt, dem zweiten Spektakel – Beethoven schreckt es, oder zumindest das neumodische Katholisieren. Heute werden sie ja alle katholisch, diese Schlegels und Stolbergs, sagte er laut, zur Antwort auf stumme Kritzeleien seiner Freunde, des Institutsleiters Blöchlinger darunter, dem er den Wunschsohn anvertraut hatte.

Und Wien klingt. Sie geht in die Häuser der Stadt, wo es nicht nur Flüstern gibt, Schreie, Lachen, Husten, sondern auch Musik. Überall Musik. Die schönen Tänze. Früher waren die Walzer anders, wilder, und in weniger vornehmen Häusern, da hörte man auf den ersten Schlag die langaus Springenden laut aufkommen. Jetzt sind die Walzer feiner geworden und verfeinern sich weiter, und die Tänzer springen nicht mehr, sondern schweben in Kreisen; wenn auch keineswegs lautlos, und für sie schon gar nicht. Vor einigen Jahren, als die Stadt überquoll von wichtigen Herren zu einem weltpolitischen Kongress, da schien es nichts als Tanzen zu geben; bis ein großer Schreck kam, weil der kleingewachsne Große Tunichtgut, den sie auf eine Insel verbannt hatten, nachdem er halb Europa erobert hatte, von dieser Insel zurückkam. Nekrotzar Bonaparte. Da hörten die wichtigen Herren aber flugs auf zu tanzen und rauften sich zusammen und kugelten den Tunichtgut auf eine noch viel fernere Insel, weit draußen im Meer und mit steilen, dunklen Küsten. Wo er vor zweieinhalb Jahren gestorben ist, was dem Schlafenden, denn es war wie der Tod einer Jugendliebe, ein bisschen leid tat, so bekundete er; aber nicht zu sehr leid, denn fünf Wochen vor dem kleinen Großen Tunichtgut war, wie Beethoven nicht bekundete, seine Unsterbliche gestorben. – Was er nun wirklich von Bonaparte hielt, daraus wurde man nie ganz schlau, er selbst vielleicht am wenigsten; möglicherweise mal so, mal so. Zur Kongresszeit aber feierte er riesige Erfolge, aber es war, als hätte er sich verloren damals; und es waren ja auch die Jahre des großen endgültigen Herzbruchs, der längst geschah, bevor die Unsterbliche starb. Von den Walzern aber hielt und hält er sich fern, obwohl ihm irgendwann der nette Herr Diabelli mal einen angedient hat, über den er vielleicht, bitteschön, *eine* kleine Variation schreiben möge, wie es viele andere auch tun; woraus er dann *eine und die andere* machte und schließlich, halb

Schaffensrausch halb Imponiergehabe, überhaupt nicht mehr aufhörte damit, Tag und Nacht summend und notierend und laut lachend auf Spaziergängen und am Schreibschrank, sehr zum Verdruss des Gehilfsbleistifts, den diese *Klaviersachen* fürchterlich mopsen, er quengelt nach einer großen Oper und dergleichen. Opern hört sie sich auch an auf ihren Gängen durch die Stadt (lieber die geschmeidigeren italienischen als die deutschen), aber eher selten, denn Opern sind für eine Blinde so eine Sache. Am liebsten mag sie die kleinen Musiken, die winterlichen, in denen mehr Raum ist und das Hören feiner. Streichquartette und Klaviermusiken. So wie es in jedem Haus zu zanken und zu lieben scheint, so scheint es in jedem Haus zu musizieren.

Seine Musik aber erkennt sie sofort, wenn sie durch die Häuser geht. Nicht erst an den Unerhörtheiten, die darin stecken; denn sie ist ja oft dabei beim Werkeln an den Werken. Neulich spielte eine junge, behütet-ein-gesperrte Frau in einem großen Haus eine neue Sonate von ihm, in As-Dur, nur für sich. Aber was heißt *spielt*. Musik von mühvoller Leichtigkeit, die im Dreiertakt beginnt, aber alles andere als tanzt, sondern erstmal singt, um dann gleich auf einem Triller stehenzublei-ben; und dann weiter fliegt, weiter singt und sich in federleichtes Auf und Ab auflöst, das der Spielerin, die-ser klugen Jungfrau, wie ein Gebet war, in dem das Zer-stückte zu fließen beginnt. Zwei Sätze später aber: alles zerschnitten, zerfallen. Und dann, ehe ein klagender Gesang einsetzt (da wird die Jungfrau mitsummen, *es ist vollbracht,* was sie damit wohl meint), geschieht das Unerhörte, ein nicht endendes Beben, mehr zu spüren, als zu hören, auf einem einzigen Ton, einen Halbton neben dem Grundton der Sonate (und nicht einmal ein ganzer halber, denn das Klavier der klugen Jungfrau hätte ehrlich gesagt auch mal wieder einer Stimmung bedurft) – die Welt löst sich auf und das Ich löst sich auf, eins ins andere, Welt in Ich und Ich in Welt, die Jungfrau am Klavier, der zuschanden gerichtete Körper des Tauben, oder als sammelte sich die zerrissene Welt in diesen ungreifbar bebenden Klang – die Zeit steht still. – Am Fugentobak, der auf den Klagegesang folgt, hatte die Spielerin schwer zu kauen.

Welten in dieser Musik gleich nebeneinander, wie in der dunklen Welt, durch die sie geht: das *Ich bin liederlich, du bist liederlich* und das *Es ist vollbracht,* in der Sonate liegen diese beiden unvereinbaren Melodien einen Satz auseinander und in den Vorstädten, durch die sie geht, einige Meter oder Minuten, ein Wirtshaus und eine Kirche, Gurgel und Seele, ein Allegro und ein Adagio, das ist gar nichts.

Und weil das Entfernteste nur ein gar nichts entfernt ist, hört sie auch in diesem Welt, Zeit, Ich auflösenden bebenden A in der neuen As-Dur-Sonate irgendwie noch Klärchens klopfendes Herz von damals. Jungfräuliches, ja kindliches Klopfen; und zugleich wie Streiche mit der Gerte. *Mit blutigem Schritt,* verstand sie die helle Stimme zunächst, als sie dieses Herzklopflied, *Die Trommel gerühret,* zum ersten Mal hörte, gleich zu Anfang des Schauspiels; und begriff erst beim zweiten Mal, dass es ja hieß, *mit mutigem Schritt.* Aber es ist ja alles von dieser Art, eine herzige Fürchterlichkeit: *O hätt ich ein Wämslein und Hosen und Hut! Welch Glück sondergleichen, ein Mannsbild zu sein!*

Und doch machte die ganze *Egmont*-Musik sie lächeln. Das erste Zwischenspiel vor allem, es schien voller Unruhe, aber so zielgemäß. Ihre aber, Jozijnes, Unruhe ist ganz ziellos. – Nur wenn jemand die *Egmont*-Musik als feurig bezeichnet, ist es ihr widerlich. Musik ist nicht, denn sie vernichtet nicht, was sie erfasst. Und Feuer ist nicht Musik.

Das Pfeifen am Schluss aber, das kennt sie. Von einer anderen Jungfrau.

Vom Sterben.

Wie froh kann dagegen ein Graf sein, er muss nicht in Flammen sterben. Noch leichter aber stirbt sichs in Büchern, oder auf der Bühne, in der Musik. Ein Graf kann sogar in einer Siegessinfonie sterben, Allegro con brio, heiterer Schwung, geradezu freudetrunken dieser Tod, und zuvor lässt sich noch ein Nickerchen halten, *ungehindert fließt der Kreis innerer Harmonien.* Des Grafen geliebtes Klärchen aber stirbt draußen vor der Tür in einem sehr schönen Larghetto. Das Sterben, ein Traum. So wie Männer es sich vorstellen. Und lassen Frauen sterben. Glück sondergleichen, ein Mannsbild zu sein.

Wie sollte das Sterben denn klingen? Das müssten tausend Schreie zugleich sein und kein einziger. Eine solche Musik, tausendfach und nichts, kann sie sich nicht vorstellen. Ob je ein Tonsetzer sowas versuchen wird? Musik, die wie das Sterben klingt? Wer weiß. Die Jahrhunderte werden ja noch lang sein.

Eine Spur aber, einen Hauch könnte es vielleicht klingen wie die vier Stimmen, an denen er eben zur Zeit der gräflichen Siegessinfonie zu arbeiten begann: in denen der Kreis innerer Disharmonien fließt, oder stockt — das *quartetto serioso* f-Moll, dessen Tintenkleckse sie auch schon auf dem Papier betastete und in summenden Klecksen in der Luft hörte; und das erst Jahre später aufgeführt wurde. Danach hat er jahrelang kein Quartett mehr geschrieben. Erst vor kurzem hat er wieder mit dem Quartettsetzen angefangen, ein einsetzender Rausch, den sie spürte; und den die Spektakel unterbrochen haben, zu ihrem Bedauern.

So etwa? Das wär zu schön.

Wie klang denn ihr Sterben?

Mit Scherben am Kehlkopf. Die hatte sie runtergeschluckt, um allem ein Ende zu machen, als es keinen Ausweg mehr gab. Die irdene Schüssel zerschlagen, in der ihr noch jemand frischen Käse hatte bringen lassen, auch noch anderes Kleine, Scharfe gegriffen, was nur herumlag am Zellenboden, und hinuntergeschluckt. Das Gefühl der Scherben im Mund, bevor sie sie verschlucken wird, kann sie nie vergessen. Das Blut, das dann herauskommt. Und, am schlimmsten: keine Spur von Sterben. Nur Schmerzen. Kein Ende. Sie hatte ja, um ein Ende zu bekommen, alles gestanden, was man von ihr verlangt hatte, dass sie Milchkühe und Felder verhext hätte, so dass Pferde Blut urinierten, und dass sie mit dem Teufel,

undsofort, es ist alles des Wiederholens nicht wert; und
doch hatte sie sich am Ende sogar selbst gefragt, ob sie
nicht wirklich, undsofort. Wenn sie es ihr doch nach-
wiesen. Wer war sie, dass sie es besser wissen wollte.
Erst hatte der Bürgermeister Spoelberch es verlangt, ein
eitler, ehrgeiziger Mann, sechs Tage lang, dann hatten es
vornehme Herren in Brüssel verlangt, ein Bürger und
ein Herr Doktor, die Folter ließen die vornehmen Herren aber andere ansetzen. *Wo nichts herauszuverhören ist, da
verhört man hinein.* Hilflos ihr verstörter Mann, der dann
wenigstens den Familienbesitz retten wollte, hilflos ihre
Söhne, die eigene Familien zu schützen hatten – und
sich, wer weiß, um Gottes willen, am Ende vielleicht
auch fragten, ob nicht wirklich, undsofort. Es ging in sie
hinein, bis es herauskam, bis sie schließlich, was verlangt
wurde, zugab und auch, wie verlangt, noch eine andere
Frau nannte, die sie ihr genannt hatten, eine Nachbarin
namens Anna Verstande. Und nur Schmerzen, immer
noch kein Ende, als sie sie auf den herrlichen Großen
Markt in Brüssel brachten, wo die Oberkörper und Ränder der vornehmen hohen Häuser in den Himmel ragen.
Kein Tränlein übrig dafür, dass der ganze Große Markt
genau hundert Jahre später selbst verbrennen wird.
Und dass hier siebenundzwanzig Jahre und vier Monate
zuvor, auch davon wusste sie an diesem schrecklichen
Tag nichts, und es wär ihr auch egal gewesen, der Graf
Lamoral von Egmond hingerichtet wird, der damals
zwanzig Jahre jünger ist als sie auf dem Scheiterhaufen,
mit stolzem Bart und schütterem Haar, aber erhobenen

Haupts, das der Henker ihm gleich abschlagen wird, zu Beginn des Achtzigjährigen Kriegs, den die Menschen anderswo den Dreißigjährigen nennen werden. Unter ihr aber entzündet der Henker das Holz. Glück sondergleichen, ein Mannsbild zu sein.

Was dann geschieht, kann kein Mensch beschreiben.

Und es gibt keine Ungeheuerlichkeit, die es nicht gibt in einer Welt, in der es möglich ist, dass eine sechzigjährige Bäuerin von der Ordnungsmacht aus ihrem Haus gezerrt und von vornehmen Herren malträtiert und schließlich auf einem herrlichen, prächtigen Marktplatz verbrannt wird, einfach verbrannt wie ein Stück Holz, um der Seele willen. Aber wenn es keine Ungeheuerlichkeit gibt, die es nicht gibt in so einer Welt, dann ist vielleicht auch das möglich, was sicherlich bloß Einbildung der Sterbenden war. Aus heutiger, luftiger, blinder Sicht scheint ihr nichts unmöglich. Die Schmerzen im Hals ließen nach, weil alle anderen zunahmen. Ihre Augen verbrannten schnell. Die Helligkeit fraß die Augen auf, so fest sie sie auch schließen wollte. Es gibt kein Wort für diese grenzenlosen Schmerzen. – Dann, als ihre Augen bereits aufgefressen waren von Hitze und Licht, erschien ihr die Jungfrau Maria. Das war allerdings eine Überraschung; ja fast eine Frechheit. Die Schönheit der Jungfrau war ungeheuerlich, aber ganz anders, als man sie sich ausmalt. Ein Pfeifen war um sie. Sie kam zu ihr und schaute sie an. Berührte ihre Ohren, als der Lärm des Feuers sie fressen wollte. Berührte ihre Nase, als der Gestank des Feuers, ihre Zunge, als die schreiende Bitterkeit, ihre Finger, als die Gewalt des Feuers sie fressen wollte; berührte alle ihre Sinne; nur die aufgefressenen Augen konnte sie ihr nicht zurückgeben.

Das Ungeheuerliche, was dann kam: nicht das Schwarz, das nackte Aus, das sie erwartet hatte; auch nicht das ewige Licht, das sie erhofft hatte; sondern ein Weiter in immer dauernder Dunkelheit. In einem verwandelten Verhältnis zur Welt, mit allen Sinnen außer dem einen, aber nun luftig, geistig, durchsichtig, ein Verhältnis, in dem sie sanft kitzeln kann, auch dünn kritzeln, unmerklich streicheln, unwillentlich stupsen; aber nichts eigentlich tun. Nur dabei sein.

Und nun ist sie wieder im Zimmer des Urururururenkels, Ludwigs des Sechsten, des Großen, dem ein Rattenfloh die Ohren weggefressen hat. Das Hören verbrannt. Rastlos, wie sie durch die Welt spaziert, zieht er in einer Tour um, von Wohnung zu Wohnung. Was freilich in Wien nicht so unüblich ist. Haydn aber hat sich mit fünfundsechzig ein Haus gebaut für die letzten Jahre, in Gumpendorf; ob Beethoven fünfundsechzig werden wird in seiner Rastlosigkeit? Da müsste er sogar noch zwölf Jahre leben. Ihn treibt der elende Wohnungsmarkt. Oder das Wasser, das nicht ausreichend zur Verfügung steht, er aber sich, wenn die Wirkung des Kaffees nachlässt, über den Kopf gießen muss. Der Wasserkopf, sagen die Nachbarn unter ihm, bei denen es durch die Decke tropft. Der Feuerkopf, sagen seine Bekannten, er will das lodernde Feuer in seinem Kopf eindämmen. Aber er muss sich ja nur wieder wachkriegen. Denn er hat noch so vieles zu schreiben, möglichst heute noch; aber es fließt nicht, sondern es werkelt, heftig, aber kleinteilig. Die Streichquartette; an denen er die Arbeit unterbrochen hat für die große Sinfonie und die große Messe; und hoffentlich irgendwann vielleicht auch noch diese allseits erwünschte Oper; und tausend andere Sachen. Doch ständig kommen Besucher. Manchmal gelegen, öfter nicht; manchmal ist er pampig, öfter nicht, sondern herzlich auf bisweilen unbeholfene Weise, etwa wenn er sie grob umarmt. Diesem und jenem schenkt er einen schnell geschriebenen Kanon. Nur zum Personal ist er oft launisch und wundert sich dann, dass es so häufig wechselt. Davon hat er jetzt die neue Haushälterin, die Alte. Regt sie sich nicht schon auf ihrer Küchenbank? Denn die geistert ja immer wieder mal nachts durch die Wohnung.

Welche Geister ihn wohl sonst noch besuchen? Oder ist sie, Josijne, der einzige?

In Gedanken geht sie die Wege nach, die sie oft gegangen ist, aber nur aus dem Dunkeln kennt. Seinen Weg als junger Mann bei scheußlichem Novemberwetter von Bonn über Nürnberg, Regensburg, Passau, Linz nach Wien, ins hässliche, aufregende Wien, eine achttägige Reise, auf der ihm bald seine beiden jüngeren Brüder nachfolgen, *Caspar Anton Karl*, der in jungen Jahren ebenfalls komponiert, gar nicht so schlecht, und dann sein Sekretär wird und Vater seines Neffen und Wunschsohns und nun schon seit acht Jahren tot ist, und *Nikolaus Johann*, der Apotheker wird und ein biss-

chen reich und das Wohlbefinden in Person (und den
mag sie trotz Dampfplauderei und Wichtiggetue; denn
als *er* mal wieder den moralischen Raptus bekam und
die liederliche Geliebte des Bruders polizeilich der Stadt
verweisen lassen wollte, hat der kleine Bruder diesem
Rappel des Sittenapostels einen Strich durch die Rech-
nung gemacht und die Liederliche, so kanns gehen, einfach geheiratet); auch einige Freunde werden später von
Bonn nach Wien ziehen, eine kleine Exilgemeinde fast,
und sogar der Kurfürst wird ihm nachreisen, schneller
als in acht Tagen, freilich nicht wirklich Beethoven
nach, sondern nur so schnell es geht und ab die Post
nach Wien, weil die französischen Revolutionstruppen
der Kurfürstlichkeit im kurkölnischen Bonn ohne zu
zimpern ein Ende machen, so wie sie zwei Jahre zuvor
der großen Schwester des Kurfürsten in Paris ohne zu
zimpern den Kopf abgehauen haben.

Sein älterer Bruder aber, auch ein Ludwig, der Fünfte,
wird ihm niemals nachkommen, er starb schon am
sechsten Tag seines Lebens, und auch nicht die kleinen
Geschwister, Anna Maria, vier Tage, Franz Georg, zweieinhalb Jahre, zuletzt Maria Margarete, anderthalb Jahre,
weinende Mutter, die bald darauf auch stirbt, trinkender
Vater.

Und sie geht den Weg eines anderen Ludwig nach, des
Zweiten, seines in Öl gelegten und hier an die Wand
gehängten Großvaters, ihres Urururenkels mit der schönen Stimme, von Lüttich nach Bonn in sonnigem, aber
noch kaltem Märzwetter. In Bonn traf Jozijnes Hälfte

auf die andere Hälfte der Vorfahren des Schlafenden.
Die Mutterseite, auf der es auch manche Musiker gab.
Warum zählen nur die väterlichen Vorfahren, die Linie,
an der der Name klebt, was doch ein willkürlicher Zufall
ist? Kommt denn nicht das Gleiche, oder mehr, von den
Müttern?

Seiner Mutter, die zwar nicht immer weint, aber
niemals lacht. *Jähzornig und gegensprüchig*, nennen sie
die Nachbarn. Irgendwann wird sie wohl gelacht haben,
doch dann hat sie aufgehört; und rät allen, niemals zu
heiraten, sie wird schon wissen warum. Der Sohn hat
auf ihren Rat gehört, aber nicht aus freien Stücken, eher
aus zerstückter Freiheit. Weil ein *van* kein *von* ist. Und
sie denkt an all die weinenden Frauen dieser Familien,
seine Vorfahrinnen – Überlittene, Untergeherinnen.
Der Großvater hängt in Öl an der Wand, nicht aber
die ausgelöschte Großmutter. Die wurde wegen ihrer
Trinkerei bis zu ihrem Tod in eine Irrenanstalt gesperrt,
man sagte Kloster dazu, und dort vergessen; als sie starb,
war ihr Enkel fünf, die beiden haben sich nie gesehen.
Die andere, ebenso vergessene Großmutter aber, Mutter
der nie lachenden Mutter, starb zwei Jahre vor seiner
Geburt, verarmt durch Betrug und Missgeschicke seines
Vaters, ihres Schwiegersohns, gemütskrank, halb ver-
hungert, zur Verzweiflung ihres bestellten, mitleidigen
Vormunds in der bittersten Kälte, in Wind und Regen
fast ganze Nächte vor der Kirche unter dem dunklen
Himmel liegend.

Und sie denkt an die Leidenden, an die Untergeherinnen, die Überlittenen, die noch kommen werden, in der dunklen Zukunft.

Und dann ist da noch die gestorbene Unsterbliche. Auch zu der ist sie gegangen, luftig, unsichtbar, als es elend zu Ende ging mit ihr. Mit ihr ist sie nicht verbunden, und doch treffen sie sich in einer Linie. Und vielleicht hätten die gestorbene Unsterbliche und Beethoven, trotz *van* und *von*, sogar heiraten können, mit Mut, gegen den vererbten Rat der Mutter; aber was wär das am Ende geworden, so ein Ehepaar Beethoven? Kann man sich ihn in der Ehe vorstellen, als Gatten, als Vater? Wie er den Wunschsohn behandelt, den er übernommen hat vom toten kleinen Bruder, an sich gerissen von der Kindsmutter, nur das Beste im Sinn: Er erdrosselt ihn mit Liebe und umarmt ihn mit Vorwürfen. Das wär vielleicht ein Elend geworden, so eine Ehe. Nun ist die, die er geliebt hat und die ihn geliebt hat, elend verreckt. Ob sie mit ihm besser elend verreckt wär?

Kaum eine Frau mehr um ihn. Seine Welt ist zu einer Männerwelt geworden, das war nicht immer so. Sogar die treue Freundin Nanette, die Klavierbauerin, ist aus seinem Kreis verschwunden. Als hätten alle Frauen sich in Luft aufgelöst in seiner tauben Welt.

Und weil in einer Welt, in der es keine Ungeheuerlichkeit nicht gibt, nichts unmöglich ist, da denkt sie, hat er nicht trotz seiner Bärenhaftigkeit selbst was Weibliches? Titania im Titan. Überlitten, untergehend. Beethoven ist eine Frau.

Das maßlose Leiden. Am Anfang hat sie meist an die

gestorbenen Kinder gedacht, die nicht gelebten, abge-
knickten Leben. Aber jetzt hängen ihre Gedanken denen
nicht mehr lang nach, denn nicht leben ist besser als
leben. Und, oder, es sind zu viele, viel zu viele. Aber es
sind ja auch zu viele, die leben, sie hat den Überblick
längst verloren. Alles verzweigt sich, jedes ist ein Uni-
versum.

Nicht leben ist besser als leben. Aber wie gern sie
gelebt hat.

Und auch er lebt gern, das ist klar. Nicht nur weil er
muss, um was zu schaffen, sondern weil er *will*. Will es
sein? Es will sein! Es will sein!

Das Leid müsste ihn schon verbrennen mit Haut und
Haar, um ihn aus dem Leben zu befördern.

Sie hat gern gelebt, und er lebt gern. Aber das Reißen
am Herz oder was es ist.

Das Leiden. Weniger Licht! Sie erträgt kein Licht. Sie
will die Welt nicht sehen, und doch nicht los von ihr.
Ohne Licht keine Schatten, und sie ist einer, sein hilfloser guter Schatten, der Geist der Mittagsnacht. Der
gern bei den Leidenden ist. Nur die Alte kann sie nicht
leiden, die neue Haushälterin. Die, nun ist es unüber-
hörbar, aufgestanden ist in ihrer Küche und eben jetzt
hereingeschlurft kommt. Verzieht sich Josyne lieber …

… und ganz sicher war, dass sie wieder Gott weiß was
gehört hatte. Aber der wills gar nicht wissen, mit sowas
Dunklem sollte man ihn nicht behelligen. Andrerseits
das Schöne am lieben Gott, dass man ihn mit *allem* behelligen darf. Ein Taubenschlag, dieser Haushalt, hier tanz-

ten einem die Mäuse auf der Nase herum. Den Tauben in seinem Bett könnte man am Ende noch beneiden. Aber wenns ein Spuk wär, dem würd sie schon heimleuchten. Ihm die Haare versengen, Licht ins Dunkel tragen. Das Zimmer war zappenduster, sie aber leuchtete mutig hinein mit dem brennenden Kienspan, den sie in der noch glühenden Asche im Herd entzündet hatte. Musste man nur mit dem flackernden Flämmchen aufpassen, immer schön gerade halten. In der Rechten, wenn man sich mit der Linken bekreuzigt, damit man nicht über die eignen Hände stolpert. Sie bekreuzigte sich; und stolperte über eine Flasche. Wie immer, wenn sie nachts das Zimmer betrat. Eine Erschütterung. Gott sei Dank schlug sie nicht der Länge nach hin. War sowieso zum Glück eher kurz und rund. Mühsam beugte sie sich ein wenig hinunter, um nach dem Boden zu leuchten, Obacht mit dem flackernden Kienspan, aber zum Glück war die Flasche leer gewesen. Das hätte ihr noch gefehlt, zu nachtschlafender Zeit den Boden zu wischen. Den nachtflaschenen Boden. Überall Flaschen. Man müsste eigentlich hier staksen wie ein Storch, aber ist man denn nicht ein Mensch. Dem es nicht leicht fällt, die Füße hochzuheben, erst den einen, dann den andern, und immer so fort – und schon gar nicht im dritten Stock. Da ist die Schwerkraft schwerer hier. Ist wie mit einer Pflaume: Fällt sie einem aus der Hand, bleibt sie ganz, aber fällt sie aus dem dritten Stock, pitsch, da zerplatzt sie. Ähnlich mit dem Schlaf, diesem Satansbraten, aus leichtem Schlaf gerissen bleibt man ganz und aus schwerem Schlaf platzt man. Sie war wieder mal schlafen gegangen auf ihrer Küchenbank, als er noch an der Arbeit saß. Jedoch konnte sie meistens nicht gut schlafen. Der Magen. Rumpeln und Pumpeln, als wär sie der böse Wolf, und jemand hätte ihr Steine im Bauch eingenäht. Was die Welt im Innersten zusammenhält, das ist bekanntlich der Magen, der ist in der Mitte. Sie hätte gern ein Fenster gehabt in der verräucherten Küche, in der es nach Fisch roch, von der Forelle, die sie gebraten hatte. Immer Fisch. Tagsüber dachte sie an den Haushalt, nachts (mit Magen) über die Welt nach. Endete aber sicherheitshalber doch immer beim lieben Gott. Sonst hat man am Ende nur einen Spuk. Er aber (Bethofn, nicht Gott) schlief, den Fisch im Bauch, oder bereits im Darm, ist es dann allerdings noch ein Fisch oder schon ein Spuk, würde also noch mehrere Stunden schlafen, wenn sie in aller Früh aufstünde, es sei denn, sie wäre zur eignen Aufstehzeit eh längst schon wach, wie heute Nacht wieder mal. Die Nacht zum Morgen machen, wie eine Maus, und das Gestern zum Morgenfrüh. Magen, Kopf. Ob sie mitten in der Nacht aufgewacht war oder gar nicht erst eingeschlafen, darüber war sie nicht sicher. Er hingegen stand meistens gegen acht auf oder ein weniges danach. Jetzt schlief er. Sie stand und lauschte. Einer schnarcht. Glücklich, wer taub ist. War *er* das oder der Herr Neffe hinter der anderen Tür? Den hübschen Neffen mochte sie. Nicht aber den Alten, den ganz Alten, nämlich den Türken. Dessen Blick spürte sie von der dunklen Wand her auf ihren Schultern und sich jederzeit unwohl dabei.

Immer glotzte er da herab, wie der tote Fisch auf dem Brett vorm Kopfabschneiden, dieser Herr Vater oder wer das auch war. Sie bekreuzigte sich nochmal. Viel lieber war ihr da die junge Frau, die auch an der Wand hing, hübsch und streng, im Kostüm einer Göttin oder eines Flitscherls, allerlei Bänder im lockigen Haar. Wer das nun wieder war. Kein Frauenbesuch hier, jedenfalls in den Wochen, seit sie wieder hier arbeitete. Sie war schon früher in seinem Haushalt gewesen, immer mal wieder, immer in verschiedenen Häusern und nie lang, hatte auch mal einen Umzug mitgemacht, mit all den Stößen Papier (*nichts* schmiss er weg) und dem schweren Klavier. Und zwischendurch wieder in anderen Haushalten. Manchmal vergaß sie, in welchem sie gerade war. Andere hatten Glück und fanden angenehme Stellungen auf Lebenszeit, oder wenigstens ziemlich lange. Sie aber war, wie er, der honorette Herr, eine dauernd Umziehende. Eine Haushälterin hat kein Haus, wie ein Soldat keine Heimat hat und eine Hure keinen Mann. Immer wechselnde Stellungen und jedes Mal schauen, was in der Küche da ist. Wenig genug hier. Dem honoretten Herrn konnte das egal sein, möbliert waren die Zimmer der Wiener Wohnungen ja meist. Auch Klaviere da. Warum er seins also mitnahm, wusste sie nicht, Klavier ist Klavier. Manchmal fiels ihm ein, nachts drauf zu spielen, fährt sie dann auf in der Küche und die Nachbarn in ihren Betten und Wohnungen, aber mochten sich wohl nicht beklagen wegen einem so bedeutenden Mann, wie ihr das lockige Dienstmädchen (die haben doch auch Augen und Ohren) tags drauf im Stiegenhaus steckte. Nur der dicke Glockengießer in einem frühern Haus hatte sich mal beschwert, dass man bei Nacht nicht so dröhnen dürfe. Und ein oder der andere wird sich wohl schon doch beklagt haben. Und er hatte sich auch schon bei Tage mit den Nachbarn zertragen.

Oder mit der Luft. Einmal war die falsche Luft hinter dem Haus gewesen, Gartenluft, die er nicht verträgt, er vertrüge nur Waldluft. Wald ja, Garten nein, rief er.

Kein Wunder, dass er immerzu umzog. Warum zieht er nicht in den Wald?

In manchen Nächten dröhnte das Klavier auch nicht, es gab auch jene seltsamen Nächte, in denen winzig leise Töne aus dem Zimmer in die Küche wehten, so als spielte jemand nur ganz leise und fein mit einem einzigen Finger. Zuerst hatte sie gedacht, sie träumte. Als hörte sie Stimmen. Wegen dem Mangel an Frischluft in der Küche.

Vorsichtig ging sie durchs Zimmer quer, stieß noch eine Flasche an, aber nicht um, blieb an einem Papierstapel hängen. Und dann wäre sie doch fast, der Kürze nach, hingefallen, und zwar über die Leere, wo sonst das Klavier stand. Fluchte und bekreuzigte sich; im selben Moment fiel ihr ein, das Klavier hatte ja der Herr mit dem Backenbart und den großen Augen ausgeliehen.

Obacht mit dem brennenden Span, bei den vielen Papieren auf dem hölzernen Boden.

Und sie war noch erleichtert, denn auf dem Deckel des Klaviers befand sich ein seltsamer Trichter, der ihr vorkam wie der Eingang in eine unheimliche Welt. Und als sie gerade gestolpert war, hatte sie einen winzigen Moment befürchtet, sie stürzte in diese Höhle hinein.

Sie berappelte sich und ging, noch vorsichtiger, ans Fenster. Hielt das Flämmchen mit der Rechten weit von sich, während sie mit der Linken den dünnen Vorhang beiseite zog. Da war das Draußen. Dunkel, und die Kälte spürte sie schon durch die Glasscheibe. Unten eine Gasse, links eine Gasse, rechts eine Gasse – die Gassen der Stadt, die sie ein Leben lang, sechzig Jahre, nicht verlassen hatte. In den Gassen war normalerweise nachts Nebel zu dieser Jahreszeit, aber heute die Nacht so klar, dass sie sich fragte, ob dort draußen noch Luft war oder nicht vielmehr nichts, aus dem Weltall auf die Erde gefallen. Denn rings um die Welt soll ja nichts sein statt Luft. Weder Waldluft noch Gartenluft. Nur, kann das Nichts warm oder kalt sein? In einem andern Fenster, im schiefen Haus gegenüber, war Licht hinter einem Vorhang, wer mochte da wach sein. Und am Himmel, da wo jedenfalls nichts war (es sei denn, die Luft von der Erde wäre ins Weltall gefallen), die Sterne. Beim Anblick des Sternenhimmels drehte sich ihr die Schwerkraft im Kopf um. Die Sterne behelligen einen. Sehen aus wie ein Unfug, aber hatte ja der liebe Gott hergestellt am Anfang der Zeit, wo gestern und morgen eins ist, mit eigenen Händen.

Da zog sie den Vorhang lieber wieder zu. Leise, leise. Und stakste stille wie ein kurzer, runder Storch durchs Zimmer voller Plunder und Gerümpel und vor allem

Unordnung. Sie hätte schon nach Kräften eine Ordnung erschaffen, aber er ließ sie nichts erschaffen. Ob die Unruhe, der Taubenschlag, das nächtliche Gottweißwas daher kam, dass all die Unordnung im Dunkeln lebendig wurde? Sie bekreuzigte sich und hielt den Span fest. Der weiße Kopf auf dem Schreibschrank, der nachts schwarz war – die Köpfe an der Wand, der alte Türke, die Flitscherlgöttin – tanzende Flaschen, rauschende Papiere, da wird ihr ganz anders. Oder die Gedanken träten aus den Büchern, die (unordentlich!) im Regal standen, lagen, lehnten. War ja nicht so, dass sie nicht lesen könnte. Es war zwar sehr mühsam, Herrn von Bethofn das Nötige in seine Hefte zu schreiben, aber Lesen ging ganz gut. Sie behielt es nur für sich. Sie leuchtete nah heran. *Werke Gottes im Reiche der Natur und der Vorsehung auf alle Tage des Jahres Sturm*, las sie, ja waren denn alle Tage ein Versehen oder das Werk Gottes ein Sturm an allen Tagen. Obacht. Als sie las *Ansichten von Religion und Kirchenthum*, da fragte sie sich, ob man nicht besser gleich den brennenden Span anlegen sollte. Mit Ansichten fängt es immer an. So hatte der hübsche Priester in der Messe einmal seine Zuhörer gewarnt, eindringlich, als sie jung war, die Jugend kam ihr vor wie eine andere Welt, mit anderer Luft. Da, als der Priester vor den Ansichten gewarnt hatte, hatte sie allerdings auch ganz andere Eindrücke von der Welt gehabt: mit Absichten fängt es immer an. Was man nun Liebe nennt, das hatte sie zweimal erlebt in dieser anderen Welt, der Jugend, einmal fürchterlich unerfreulich, einmal ganz schön, aber es war trotzdem nichts Weiteres draus geworden und ist eine andere Geschichte, eine lange und lang her.

Lauter Ausländer und Zugezognes sonst, und alte Chinesen. Anarchasis. Odyssee. Plutarch. Und was war mit der *Kunst, alle Arten der Lustseuche zu erkennen, zu heilen, und sich dafür zu sichern*? Hatte der honorette Herr das für sich selbst gekauft? Oder war es für den Herrn Neffen gedacht? Der hatte's allerdings wohl nötig. Absichten und Ansichten, Obacht.

Erzkrummes Zeug geradezu schien ihr jedoch, was über dem Schreibtisch prangte ... *ich bin, was da ist – alles, was ist – einzig von IHM*, das klang doch arg nach Wechselbalg, nach Satansbraten. Wer weiß auch schon, auf welche An- und Absichten sich jemand einlässt, der bis tief in die Nächte am Schreibtisch sitzt und schafft. War er ja auch ein Linkshänder! Hielt Füllfeder und Weinglas mit der Linken und ließ so schnell nicht wieder los, wie ein Schreib- und Trinkzauber! Der Teufel ist bekanntlich auch Linkshänder, freilich darum nicht jeder Linkshänder der Teufel, sie war ja nicht abergläubisch. In diesen langen Nächten aber kam er (Bethofn, nicht der Teufel) ihr vor wie ein Ofen, der in die Nächte hinein weiterglüht. Bet-Ofen, sie stellte sich den Herrn als einen linkshändigen betenden Ofen vor. Bekreuzigte sich zur Sicherheit ein weiteres Mal. Draußen bellte ein Hund. Ein Ärgernis. Zum Glück kann das Tier dem Herrn von Bethofn nicht die Nachtruhe rauben. Beneidenswerte Taubheit.

Sie leuchtete über die ausgebreiteten Papiere voller

Kleckse, erschreckende Unordnung sogar *auf* den Papieren. Die Kleckse sahen auch aus wie der Sternenhaufen, ein Unfug, aber werden wohl ein Fug sein. Sonst wär er nicht so berühmt. Wer soll das entziffern, wer hat so viel Zeit. Obacht mit dem brennenden Span.

Nur wie ein so kluger und sogar ja adliger Herr derart schlechte Manieren haben kann – eine linkshändige Sauklaue auch bei Tisch. Und dann noch diese Spuckerei. Vor Gästen war es manchmal geradezu peinlich. Wie ein Wilder. Und *der* nannte *sie* Erzschwein und altes Biest, alter Teufel, alte Hexe. Dabei kannte er nicht mal ihren Namen sicher und würdigte sie kaum eines Blicks. Selber war der eine alte Hexe. Sagte sie natürlich nicht, sondern in aller Ordentlichkeit *Herr von Bethofn*, aber dachte, wie sie wollte, denn die Gedanken sind frei, und zwar sogar, wenn es Ansichten und Absichten sind. Wenn sie wollte, stellte sie sich den wütenden Herrn von Bethofn halt splitternackt vor, wie er wüst im Zimmer herumstampft samt Gebaumel, na und, der liebe Gott wird sich schon nicht behelligt fühlen, wenn man so einen Honoretten in Gedanken auszieht. Schauten ja sogar die Gäste bei Tisch und Besucher oft betroffen aus der gestärkten Wäsche, wenn er das Personal grob anpfeift. Und das waren ja lauter wichtige Männer, die alle ihn anstaunen wollten oder sich bestäuben lassen. Wie die Fliegen, ein Taubenschlag. Und dann gab es da noch die Dauergäste, die immer kamen: den erzhonoretten Herrn von Tscherni, immer freundlich, besänftigend, nur ein bissl fad, fehlte doch jenes gewisse Etwas; oder den

Herrn von Tschindler, diesen klapperdürren Kriecher, der, wenn Bethofn weg war, gern den Hausherrn spielte (eine Stange, die sich aufplustert) und es auch noch auf den Neffen abgesehen hatte, wahrscheinlich weil der hübsch und saftig war, er aber nicht, und Bethofn den liebte, ihn aber nicht.

Und alles ließ sie sich nun auch nicht gefallen. Und ewig würde sie wieder nicht bleiben hier. Zum Glück gab es ja hunderte solcher Haushalte und hunderte solcher Bethofns, hunderte und hunderte Herren von B., wie Sand am Meer, wo sie noch nie gewesen war und wohl kaum jemals sein würde, und wie Klaviere in den Wohnungen. Freilich gab es auch tausende und tausende von Haushälterinnen, Wirtschafterinnen, Dienstmädchen. Aber doch nie die richtige. Etwas findet sich immer. Würde er sie mit Eiern bewerfen, wär sie weg. Bei ihr hatte er das noch nicht gewagt, aber soll es früher bei einer andern, nichts Genaues weiß man nicht. Er schnupperte nur an den aufgeschlagnen Eiern, bevor er sie in die Brotsuppe rührt. Aber wenn er wieder übers Essen schimpfte, da soll er doch selber kochen. Seine Musik wird auch nicht jedem schmecken. Andrerseits, er hatte es ja nicht nur mit den Ohren und den Augen, sondern auch mit dem Magen. Wie sie! Nachsicht hatte sie gelernt in sechzig Jahren mit all den An- und Absichten. Auf seine Späße aus guter Laune allerdings mochte sie sich dann auch nicht mehr einlassen. Wie ein misstrauischer Zöllner hatte er, als sie schon früher einmal bei ihm gearbeitet hatte, ihre Haushaltslisten kontrolliert. Dabei war seine Mathematik selber Kraut und Rüben. Das überließ er mittlerweile dem Neffen, der besser rechnen konnte. Der zweigte sich natürlich was Erkleckliches ab, das merkte ja ein Blinder mit dem Krückstock, doch behelligte er sie dafür nicht. Der Herr von Bethofn aber, wenn sie ihn samstags um Geld zum Einkauf auf dem Markt anging, da sang er: *Muss es sein?* Und sollte sie dann wohl zurücksingen: *Es muss sein*, oder was. Von wegen, da nickte sie bloß stumm.

Man ist ja duldsam. Aber bin ich nicht die Menschheit?

Und als ob sie nicht wüsste, wo er die Kaffeebohnen versteckte. Sie öffnete den Schrank, nahm sich (Obacht mit dem Span, auch wenn er jetzt nur noch glimmt!) eine heraus und steckte sie in den Mund. Die würde der honorette Herr, die alte Hexe, ja wohl entbehren können. Zerbiss sie. Der herrliche pechschwarze Geschmack. Dunkelheit ins Irrlichtern tragen. Und tat dem Magen gut, und der ist das Innerste. Der Span war nun vollkommen erloschen. Ihre Augen aber hatten sich ans Dunkel gewöhnt, und ein wenig schien der Mond zum Fenster herein. Sie legte den Span, als er nicht mehr heiß war, aufs Fensterbrett, zog aus der Tasche ihres Nachtkleids den Schlüssel, der in alle Wohnungstüren passte, und öffnete vorsichtig die Tür zu seinem Schlafzimmer. Stille, stille, um ihn nicht zu wecken. Da schlief Bethofn. Sie aber, wach, räumte seine fleckigen Kleider fort, die unordentlich auf dem Stuhl neben dem Bett lagen, und legte ihm ordentliche, frische, saubere bereit. Später würden die, die ihn anstaunten und bewunderten und belästigten, vielleicht behaupten, das hätten heimlich sie getan: seine guten, treuen Freunde. Als hätte der honorette Herr keine Haushälterin gehabt.

1824

Beethoven schlug.

Da bemühte sich Ignaz Schuppanzigh, sein Schnaufen zu unterdrücken, natürlich eine vollkommene Albernheit im Rücken eines Tauben. Der hätte ihn ja selbst dann nicht gehört, wenn er aus Leibeskräften geschrien hätte: BETHOVEN, WAS IN DREIGOTTESNAMEN TUT ER DA?!? Die dumpfen Schläge hatte Schuppanzigh bereits im unbehaglich engen, moderigen Stiegenaufgang wahrgenommen, den er, schnaufend, hungrig und durstig, schwitzend, hinaufgeklettert war, ohne auf den Gedanken zu kommen, dass diese kaum merklichen, aber doch, wie es schien, deutlicher werdenden Erschütterungen aus Bethovens, Schuppanzigh noch unbekannter, Wohnung im dritten Stock kämen. Diese Erschütterungen hatten sich gewissermaßen erst aus dem Knirschen von Schuppanzighs Schritten auf den morsch scheinenden

Stufen herausgeschält. Es war dies wieder mal keine erste Adresse, auch keine zweite; die Herkunft der Gerüche im Stiegenhaus wollte Schuppanzigh nicht kennenlernen. Seit sein fürs *tiefste Eindringen in die geheimsten Intentionen* dieses Komponisten gepriesenes Quartett durch den, selbst noch im Expedieren freigebigen, Dienstherrn Fürst Rasumoffsky entlassen worden war, hatte Schuppanzigh viele Jahre auf einträglichen Reisen verbracht, in Russland, Polen, Norddeutschland, und wollte nun mit seinem alten Freund Bethoven (dem das Reisen auch mal guttäte, fand er, seelisch wie finanziell) über Aufführungen von dessen Quartetten Opus 18 und 59 sprechen, vielleicht auch jenes Solitärs Opus 95, der Schuppanzigh, um ehrlich zu sein, gewisse Rätsel aufgab – aber spielen konnten sie es wie keine zweiten Vier!, deuten mochten es andere; man würde diese Werke in den angedachten Zyklen mit Quartetten von Mozart und Haydn kombinieren, das fand Schuppanzigh angemessen und originell; mehr noch aber wollte er gern etwas in Erfahrung bringen über die Arbeit an einigen neuen Quartetten, die der russische Graf Galitzin vor einigen Wochen oder Monaten bei Bethoven, hatte man Schuppanzigh gesteckt, in Auftrag gegeben hatte. Auf sein Ziehen an der Türklingel reagierte niemand. Doch die Tür war unverschlossen, wie Schuppanzigh feststellte, und als er sie, das Schnaufen erstickend, vorsichtig öffnete und eintrat, vernahm er deutlich, dass die Erschütterungen aus der Wohnung kamen. Im Vorzimmer roch es nach Fisch, eine Kiste Wein stand neben der Tür.

Die Küche zur Rechten war leer; unklar, ob die Wirtschafterin nur etwas zu erledigen hatte oder ob der Hausherr mal wieder einer den Laufpass gegeben (oder, noch wahrscheinlicher, sie ihm).

Auf einmal schauderte Schuppanzigh.

Denn plötzlich stellte er sich vor, dass dieser taube, halbblinde, alleinstehende, überaus gutmütige Mann, seiner noch immer beträchtlichen Körperkraft zum Trotz, eben jetzt das hilflose Opfer einer Gewalttat würde, wie vor einigen Jahren der Maler Kügelgen, Bethovens Jugendfreund, der auf dem nächtlichen Heimweg von seinem Dresdner Atelier erschlagen worden war. Denn so musste es ja klingen, wenn auf einen menschlichen Leib eingedroschen würde?!

Zitternd, so leise wie möglich öffnete er die Tür zum Arbeitszimmer, entschlossen, einzugreifen und zu retten, was zu retten war – und war erleichtert und erschrak zugleich, als er Bethoven, ihm den Rücken zugewandt, erblickte: mit einem Holzbrett so stark es ging gegen die Wand schlagend, hämmernd, knallend, immer wieder; um sich irgendwann mit dem Oberkörper, die um seinen Hals hängende Brille baumelte in der Luft, vorzubeugen und das Ohr gegen die Wand zu drücken, so als wollte er die geprügelte Mauer abhören; und das gleiche Spiel von Neuem. Den Besucher an der Tür bemerkte er nicht. Der war so still wie möglich, hielt den Atem an, um nicht zu schnaufen, eine vollkommene Albernheit.

1823

Grillparzer prokrastinierte. Tat dies, tat das, tat jenes. Völlig untypisch für seine Persönlichkeit! Denn normalerweise tat er einfach ... das Richtige. Für die Niederschrift der *Melusine* hatte er, diszipliniert, nicht mehr als neun Tage benötigt. Nun ja, jedes Schreiben ist erst Glück, dann Ende eines Königs. Danach fällt man immer in ein Loch, erst recht in diesen Zeiten, die einen zerreißen, aber dieses *danach* dauerte ja schon eine ganze Weile. Trotzdem bürstete er jetzt bald seinen Rock, bald ordnete er irgendwelche Papiere auf dem Schreibtisch, phantasierte ein wenig auf dem Klavier, fläzte sich aufs gemachte Bett, um schließlich wieder aufzustehen und Briefe zu schreiben, die keineswegs dringend waren: alles, statt das, von so ausgezeichneten Männern wie Forti und Wallishausser längst gutgeheißene, Buch zu Betthoven auf die Laimgrube zu bringen. Dabei hatte der schon mehrmals nachfragen lassen, wo das Buch denn bleibe. Prokrastination, zweifelsohne. Vielleicht eine Folge dieser überaus ärgerlichen, durch Halsentzündung verursachten Unklarheit, die in größtem Gegensatze zu der höchstmöglichen Klarheit stand, nach der er sonst strebte. Verunklarung, des Tagesablaufs wie des Denkens. Bei ordentlicher Gesundheit hätte er niemals derart unordentlich gedacht.

Warum brachte er das Buch nicht einfach hin? Ein Spaziergang von einer halben Stunde, es war ja ein schöner Frühlingstag.

Beschwerden beim Schlucken. Der Stil war auch im Eimer.

Er legte den angefangenen Brief beiseite und ließ sich, im gebürsteten Rock, wieder aufs Bett plumpsen. Lauschte auf die Schritte der Nachbarin in der Wohnung über ihm. Die würden doch wohl heute nicht schon wieder ... Schabte mit der Spitze des Bleistifts, der auf dem Tischchen neben dem Bett lag, das Schwarze unter den Fingernägeln hervor. Woher kam das? Er hatte doch die Wohnung den ganzen Tag nicht verlassen. Die Nebenhöhlen wohl auch verstopft, wer soll da einen klaren Kopf ... und dachte, schabend und lauschend und sich fläzend, an diese drei neuen Klaviersonaten Betthovens, die er im vergangenen Jahr gelesen hatte, in Teilen auch auf abendlichen Gesellschaften vorgetragen gehört — vieles doch von ganz erheblicher *Herbigkeit*. Die Feier der Helden von Vittoria, das war noch ein Werk gewesen. Neben dem *Fidelio* sein Lieblingswerk. Aber seither ...

kommt Zeit, gehen Helden. Einige Jahre lang schien der große Mann überhaupt nichts geschaffen zu haben und dann solche stellenweise ja schönen, insgesamt aber doch befremdlichen Sachen. Teilweise fast ... peinlich. Ja, geradezu peinlich. Etwas verstand er, Grillparzer, ja nun von Musik. War kein schlechter Pianist, wusste ein wenig zu komponieren. Eines Tages würde er die Odyssee vertonen, warum denn nicht. Und nichts ging über Mozart! *Schönheit der Form als unerlässliches, ja als höchstes Gesetz*, jawohl, so und nicht anders! Und niemals die Grenze des Wohllauts verletzen!

Schlimmer als die Herbigkeit aber war die Willkür in den jüngsten Sonaten. Willkür statt Form − Fugen hin oder her. Oder eben willkürlich nicht trotz, sondern gerade wegen dieser erratisch scheinenden Fugen.

Willkür, ein Gräuel.

Angezogen auf der Schlafstatt liegend, bekam er nicht aus dem Sinn, wie er Betthoven besucht hatte, um erstmals über das Buch zu einer neuen Oper zu sprechen. Was für ein Anblick, Wirrwarr, sehr unaufgeräumte Wohnung, der Meister in schmutzigen Nachtkleidern auf zerstörtem Bette liegend, ein Buch lesend − und das alles vor der Speisekammer, um diese zu bewachen und der Haushälterin jedes Ei, das sie herausholte, nachzuzählen und aufzuschreiben. Gut, jeder ist auch Alltagsmensch, selbst der Edelste niemals *nur* Heros − aber dies ging zu weit ... Damals redete er, Grillparzer, im Stillen auf sich ein, da schau einer an, welch ungeheure Größe im Grunde, das Hohe derart dem Niedern abzu-

zwingen; ecce homo etc.; während Betthoven dauernd
hustete und ihm in einem gläsernen Kolben wahnsinnig
starken Kaffee bereitete (noch immer wildes Herzbum-
pern, wenn er daran dachte) und ihm später beim Essen,
es gab Hecht, mehrere Flaschen Wein vor den Teller
stellte und dabei die ganze Zeit über Geld redete. Die
ganze Zeit! Er aber, Grillparzer, mit rasendem Herzen
und immer betrunkener, wollte doch nicht über Geld
sprechen, sondern über Kunst. Dichtete er denn nicht
ohnedies auf elendem, hartem Rohrstuhl (da drüben
stand das marastische Ding), gab er nicht sein weniges
Geld nur für Miete und Bücher aus? Er hätte sein Buch
dem großen Manne ja herschenken mögen!

Aber was hieß schon Sprechen. Ein Hin- und Her-
schreiben. Alles in allem sehr lästig.

Wie er hier lag, schwitzend, zerknittert, kam er sich
selbst wie Betthoven vor, in einem üblen Sinn. Und,
ärgerliche Kleinlichkeit, ärgerte sich erneut über eine
Fehlschreibung seines Namens, die er leider neulich
hatte lesen müssen: Krillparzer. Er möge seine Grillen
haben, hatte er da gegenüber Katharina, seiner Verlob-
ten, gescherzt, aber dass er zum Krill des Geistes gehöre,
da seien die Parzen vor. Ärgern tats ihn trotzdem.

Er wurde auch diese frühen Bilder von dem großen
Manne nicht los. Bereits als Zwölf- oder Dreizehnjäh-
riger hatte er den damals schon Berühmten gesehen,
und als er siebzehn gewesen war, hatte seine Familie im
Sommer in einem gemeinsamen Haus mit Betthoven
gewohnt, draußen in Heiligenstadt, die Grillparzers

zum Garten hin, Betthoven zur Straße (er könne Gärten nicht leiden, habe, so die Wirtin, Betthoven gesagt). Seine Mutter lauschte vom Gang aus andächtig, wenn der berühmte Nachbar Klavier spielte; als er es bemerkte, hörte er für den Rest des Sommers auf zu spielen, trotz aller Entschuldigungen und Beteuerungen, man werde gewiss nicht mehr horchen. Dieser Ärger war ja irgendwie noch verständlich. (Sapristi, er hatte *irgendwie* gedacht ... der Stil ...) Aber dass er irgendeinem lüderlichen Bauernmädchen hinterherstieg, besser gesagt es fortwährend anstarrte wie so ein Molch ... ging zu weit ... das dralle Mädchen aber hatte nur Augen für Bauernburschen gehabt.

Lise, ach. Gut, er hatte sie auch angestarrt, aber er war erst siebzehn gewesen.

Er döste halb weg. Dachte confuses Zeug. Im Halbschlafe fiel ihm wider Willen eine sonderbare, abstoßende Sache ein, von der er vor einigen Tagen in einer Zeitung gelesen hatte, der Fall eines Soldaten und Frauenmörders in Leipzig, der unter periodischem Wahnsinn und Sinnestäuschungen leide, sich gezupft fühle und das Herz wie mit einer Nadel berührt und dergleichen: ob man so einen Mann zum Tode verurteilen dürfe und müsse oder, mangels Zurechnungsfähigkeit, eben nicht. Er schüttelte, wie um den Fall abzuschütteln, den dämmrigen Kopf und spürte dabei die Nebenhöhlen. Und murmelte, es wird der Tag kommen, an dem man über solche Gegenstände Dramen verfasst. Die Musik aber, dachte er dann, wenigstens die

Musik ist, beneidenswert!, sicher vor derlei Verirrungen; denn dass ein Tondichter aus so etwas eine Oper schüfe, das war dann doch schlechterdings unvorstellbar.

Überhaupt die vom Schicksal begünstigte Musik! Wer das Wesen der Dichtung aufspüren will, der muss in der Musik danach suchen: Form. Das Sinnliche bändigen, sonst Unsinn. Nur sich bloß vor den Übersteigungen und Phantastereien hüten ... unberührt bleiben von den Schweblern, den extraterrestrischen E. T. A.s und dergleichen ... Im Übrigen war die Musik ja auch darum begünstigt, weil die Censur sie nicht fassen konnte, ihr nichts anhaben. Diese elende Censur, die ihm so übel mitspielte. Sein Gedicht *Campo vaccino*, diese Klage über den Untergang der herrlichen klassischen Zeit, hatte man damals aus dem Musenalmanach *Aglaja* einfach herausgerissen. Und auch jetzt saß man ihm wieder im Nacken.

Und die Spitzel waren überall. Sie hockten in den Kaffeehäusern, man erkannte sie auf den ersten Blick. Sogar in den Hurenhäusern (da erkannte man sie nicht ganz so leicht). *Sprecht leise, haltet euch zurück, / wir sind belauscht mit Ohr und Blick*, wie es im *Fidelio* hieß ... und: *O welche Lust, in freier Luft / den Atem leicht zu heben* ... ah, die faule Frühlingsluft in Wien, keine Lust auf einen Spaziergang.

Nach Nordamerika müsste man gehen.

Dann wurden alle Begriffe in seinem Kopf matter und es entstand eine Art Bild in ihm, eine Empfindung, dass seine Wohnung sich loslöse von dieser Welt und, mit ihm als einzigem Menschen darin, irgendwo herumschwebe. Eine Kapsel in der Weite des Alls.

Schließlich schlief er ein. Schwitzte im Schlaf. Träumte Kraut und Rüben. Confuses Zeug, confuses Zeug.

Als er wieder aufwachte, war das Halsweh etwas besser geworden und er dachte an seine *Melusine*. Welch Grund zur Freude und zum Stolze, dass Betthoven gerade dieses Stück vertonen würde! Er sagte sich das vor. Und Grund zur Erleichterung war es ja auch: Denn er wusste wohl, dass Betthoven querfeldein und -aus las und allzu ungebändigt herumdachte, der Stil in seinen Briefen ein zerhacktes Gestammel, die Handschrift zum Davonlaufen, betreten machend (Webers Briefe waren viel besser geschrieben!) … nun, das war vielleicht nicht so wichtig, darum wollte ja *er* für *ihn* schreiben, aber dass Betthoven sich auch wohl mit eben solchen anhaltlosen Schweblern abgab, die einen leicht infizierten, sogar solchen aus der Novalis-Schlegelschen Gilde, pfui … vor Jahren hatte er ihn in einem Kaffeehaus mit dem längst verhungerten und zu Recht vergessenen Joseph Ludwig Stoll gesehen … Krill … Von solchen Dichtern hätte er wohl bloß versiffte … nein, *versifizierte* Phantastereien erhalten.

Nun aber hatte er ein Drama!

Hätte. Wenn er es ihm denn endlich brächte.

Melusine, sapristi.

Wie spät mochte es sein? Warum ging er nicht hin? Das Halsweh konnte es doch wohl nicht sein, das ihn hinderte? Und er konnte ja auch eine Kutsche nehmen, wenn ihm nicht nach Laufen war.

Da hörte er, zu seinem Ärger, wieder die Schritte über sich, das Poltern. Und wie befürchtet, die Nachbarin war nicht allein daheim, sie begannen wieder ... am helllichten Tage. Leute gibts. Schon während seiner Arbeit an der *Sappho* und der *Medea* hatte er dies erdulden müssen.

Er dachte an Katharina, seine Verlobte. Und an das lüderliche Bauernmädchen Lise. Und an diesen Frauenmörder in Leipzig. Unordentlichkeit, Verunklarung.

Klarheit! Gebändigte Leidenschaften! Er hatte schon gewusst, warum er für Betthoven nicht die, ebenfalls erwogene, Drahomira hatte schreiben wollen, diese böhmische Schreckse, die ihre heilige Schwiegermutter erwürgen lässt. Einen Grenzgänger wie Betthoven noch auf die glitschigen Gletscher der gesteigertsten Leidenschaft zu führen, da drohte der totale Absturz, Absturz der Form, Absturz des Wohllauts. Außerdem, wer sollte die Drahomira singen? Nein, die *Melusine* war schon das Rechte: Zauberei. Wälder. Jäger. Welten, die aufeinander treffen – hier die Menschen, dort die Wesen aus den Seen und Wäldern, wie von heiligen Bergen und aus den Wolken des Ideals herab. Weber würde Augen machen – der mit seinem *Freischütz*, seiner *Euryanthe*. Und Betthoven könnte das alles komponieren wie die *Zauberflöte*!

Könnte er? Grillparzer zweifelte. Konnte der Taube überhaupt noch Singstimmen? Was auf dem Klavier schon herb wirkte, das würde ja in menschlichen Kehlen ... nicht vorzustellen ... ach, was nützte es zu leugnen, die Italiener könnens sowieso besser, geschmeidiger, aber dann noch ein *tauber* Deutscher ... Genius hin oder her ... dies ging zu weit. Jedenfalls hatte er in die *Melusine* extra viele Chöre reingeschrieben, ein riesiges Finale zumal mit Chören über Chören. Damit Betthoven am Individuellen nicht zu viel verdürbe. Chöre, da könnte Betthoven sich austoben mit seinen Fugen, und es machte doch was her.

Dennoch. Ihm graute davor, was Betthoven mit seinem Text anfangen würde. *Gab* es denn überhaupt ein geeignetes Libretto für ihn? Würde der Taube den ungebundenen Flug der Phantasie von irgendeinem Wort hemmen und bändigen lassen? War das vorstellbar? Drohte hier nicht ... um es freiheraus zu ... drohte nicht am Ende ein völliges Debakel, ein Murks?

Welch saure Aufgabe: ein Opernbuch zu schreiben, das es nicht geben kann.

Aber er hatte es ja geschrieben. In neun Tagen.

Kein Wunder, dass er Halsweh ... oben polterte es weiter, die Nachbarin hörte gar nicht mehr auf zu japsen, es war ein ... die Porzellanfiguren auf dem Schreibtisch, die Gläser im Schrank klirrten. Er meinte sogar das Schwingen der Klaviersaiten zu vernehmen. Das All. Macht einen ganz confus.

Der kanns nicht mehr, dachte er. Er wollte das nicht denken, aber ... der kanns nicht mehr. Ist nicht mehr auf der Höhe, so siehts aus. Anders als Mozart. Anders als der alte Haiden damals. Herrliche klassische Zeit, in der alles ganz war. Schönheit und Form eins und dasselbe. Jetzt formlose Willkür und Herbigkeit. Leidenschaften, confuses Zeug. Verunklarung des ganzen Lebens. Diese jüngsten Sonaten ... unbegreiflich, man weiß nicht, was er dabei denkt. Bei Mozart und Haiden wusste man, was sie denken! Er, Grillparzer.

1825

Beethoven schrieb.

Sehr zum Verdruss des unscheinbaren kleinen, rundlichen Herrn, der eine bereits erkaltete Pfeife im Mund hatte und tat, als läse er die Zeitung. Diesem – wenn man ihn denn wahrnahm – gemütlich wirkenden Mann wäre es lieber gewesen, Bethofen spräche, und zwar möglichst laut. Immerhin war es, mitten im fürchterlichen Wiener Winter, angenehm warm im gut besuchten Kaffeehaus, schön stickig. Allein der Punsch, an dem der unscheinbare Herr seit einer Ewigkeit immer wieder nippte und den ganz auszutrinken er vermied, war längst kalt geworden, er schmeckte mittlerweile mehr nach Zitrone als nach Arrak. Der kleine, rundliche Herr wünschte sich hinter seiner Zeitung, er wäre noch unscheinbarer als unscheinbar: un*sicht*bar. Um nicht einen weiteren, ja durchaus nicht billigen Punsch bestellen zu müssen.

Und um besser zuhören zu können. Er war die Wand, der Stock, der Ohren hat.

Wir schreiben auf, wie es *wirklich* ist ... Wort für Wort ... so dienen wir dem Staat und der Nachwelt ...

Aber was nützte das beste Hören, wenn der Belauschte schrieb. Was nützt exzellentes Memorieren, wenn er nicht tut, worauf es doch ankäme: sprechen, laut und deutlich und so unbefangen und sich frei wähnend, wie es nur ging.

Normalerweise schrieben nur die anderen Männer, die mit dem tauben Komponisten zusammensaßen: irgendwelche Redakteure, Journalisten, des weiteren geistige Adabeis — lauter dubiose Kantonisten. Einen von ihnen, namens Wähner (nomen est omen!), protestantischer Prediger und kurzzeitiger Herausgeber einer völlig erfolglosen Zeitschrift, hatte man kürzlich ausgewiesen. Die anderen Männer also waren es sonst, die schrieben, und der Taube sprach dann, erfreulich laut, so dass ihn manchmal welche aus der Runde ermahnten: *Silentium, die Stöcke ...* Heute aber, wie öfter seit einiger Zeit, schrieb auch er nieder, was er mitzuteilen hatte, man reichte die hastig bekritzelten Papiere zwischen Bier und Wein hin und her. Lachte beim Lesen und reichte weiter. Wenn es doch mal lauter wurde, dann nur depperes Zeug, dann riefen sie dem Bedienmädchen derbe Komplimente nach und dergleichen. Ach, wenn doch einer mal riefe, man solle den Kaiser aufhängen! Da hätte einer was zu protokollieren. Und alle seine Minister mit ihm! Hängt sie höher!

Er, auch hierin Konfident, sympathisierte durchaus mit dem tauben Mann. Denn er war ja selbst Tondichter – gewesen zumindest, dieser unscheinbare kleine, rundliche Mann, hatte mit einigen Tänzen etwas verdient, nur eben zu wenig, auch dies und das arrangiert, Rossini vor allem ... Von irgendwas muss der Mensch ja leben. Und das Kaffeehaus war geheizt. Er ging nicht gern herum, schon gar nicht in der Kälte und der ungesunden Wiener Luft, und er las nicht gern, schon gar nicht ganze Bücher. Ein angenehmer Beruf also im Grunde, den lieben langen Tag in Kaffeehäusern zu verbringen (dies hier war eins seiner liebsten) und die Ohren zu spitzen, bald hierhin, bald dorthin. Dabei seine lange Pfeife zu rauchen und zu tun, als läse man die Zeitung. Zu tun, als läse man, ist viel angenehmer als lesen. Es gibt welche, die müssen ständig draußen herumgehen, auch nachts, und welche, die müssen, staatssicherheitshalber, *alles* lesen, philosophische Bücher, Romane, Almanache ...

Ja, wenn er nur unsichtbar wäre. Und die an dem Tisch da endlich sprächen, statt immer nur stumm zu schreiben und höchstens dem Mädchen, wenn es die Bierkrüge brachte, Anzüglichkeiten über prächtige Vorbauten zuzurufen oder über allerprächtigste Rückbauten, wenn sie wieder wegging vom Tisch. Sie lachte darüber und schüttelte den Kopf, es steckte ja auch ein und der andere ihr manchmal ein wenig Geld zu. Alles des Protokollierens vollkommen unwert.

Wenn man sich diese bekritzelten Papiere zu verschaffen wüsste ...?

Einmal hatte er allerdings einen herausgerissenen Zettel erhascht, der unter den Tisch gefallen und dort liegengeblieben war, als alle das Kaffeehaus verließen, *ein prächtiger Popo seitwärts*, hatte darauf gestanden.

Ansonsten packte der hagere Sekretär Schindler, der stets dabei war, wenn er auch kaum überzeugend mitlachte, immer alles sorgfältig ein.

Der kleine, rundliche Mann bemerkte, dass er vor Langeweile die Zeitung zu lesen begonnen hatte, statt nur so zu tun. Er hielt, stellte er fest, eine schon mehrere Monate alte Ausgabe in den Händen. An einem unterhaltsamen Bericht über die, nach mehrjährigem Hin und Her über die Geisteskrankheit des Verurteilten erfolgte, Enthauptung eines Mörders auf dem Leipziger Marktplatz blieb er eine Weile hängen. Er fragte sich, ob man nicht gerade Geisteskranke zuallererst hinrichten sollte. Dann legte er die Zeitung beiseite und betrachtete seinen beinah leeren Punschkrug.

Es half nichts, er musste sich etwas ausdenken. Wo nichts herauszuhören ist, da hört man hinein, und wo sich nichts erlauschen lässt, muss man eben erdichten. Die Gedanken sind frei, auch für ihn. Freier Flug der Phantasie ... ah, Dichtung! Wie begünstigt war übrigens die Dichtkunst gegenüber der Musik. Er selbst, der kleine rundliche Herr, war das lebendige Beispiel dafür. Denn seit er so viel schrieb und die Musik, bei aller Liebe, an den Nagel gehängt hatte, litt er keinen Hunger mehr. Und Durst! Einigermaßen sparsam musste er dennoch sein ... obwohl ein zweiter Punsch eine feine

Sache wäre. Was solls, er bestellte noch einen, und auch die Pfeife stopfte er noch einmal und zündete sie an. Punsch und Tabak würden, wenn die Ohren nun keine Nahrung bekommen sollten, seine Gedanken auflockern. Herrlich warm wars hier drin, in diesem fürchterlichen Wiener Winter. In Kaffeehäusern ließe sichs ja vorzüglich dichten, es war zu verwundern, dass es nicht viel mehr geschieht.

18… — Die erste Josefine

Die ungeliebte Sterbliche im Licht: sich an bessere Tage erinnernd, die vielleicht bloß die weniger schlechten gewesen sind. Und doch ist sie schön. Wenn auch für eine Nymphe mit dreißig bereits der Herbst angebrochen ist. Draußen aber ist Frühling, und öffnet man das Fenster, ist der Mai auch in ihrer Stube drin. Ein paar Schritte, so weit das Licht hereinreicht, tritt sie zurück, damit nicht gleich wieder wer sie anspricht von der Gasse aus. Denn ihre Stube ist die Stube vieler, eine Seitenkammer der belebten Gasse. Ein Bett vor allem, außerdem ein kleiner Ofen in der Ecke wie ein dreibeiniges schwarzes Tier, ein Brett an der Wand als Regal, Tisch und Stuhl, kleiner Handspiegel, ein Nagel, um daran etwas zu hängen. Und ein kleines Kreuz an der Wand, neben der Tür. Aber die Sonne fällt im Mai, wenigstens zur Mittagszeit, wieder so herein, dass man sich hineinstellen kann in sie und baden in ihr mit geschlossenen Augen, ohne diese kleine, feuchte, übervölkerte Wohnung im Erdgeschoss verlassen zu müssen, wie man es in der kalten Jahreszeit tun muss, die ja mehr noch eine dunkle Jahreszeit ist.

Angenehm, nicht langweilig, ist es, mit geschlossenen Augen im Sonnenlicht zu stehen. Langweilig ist die Liebe.

Freilich verlässt man die Wohnung auch in der helleren, wärmeren Zeit öfter mal, um einen Moment für sich zu sein. Denn für sich ist sie, die ungeliebte Sterbliche, ja nun normalerweise gerade nicht in jener Zeit, in der sie die Stube fürs Handwerk hat. Zwei verscheuchte Mitschläfer (von denen einer auch an ihr mitverdient, aber der ist ihrer Gedanken nicht wert) sind noch nicht wieder hereingekommen, obwohl der letzte Besucher schon wieder hinaus ist, und siehe da, so hat sie die Stube tatsächlich einen Moment für sich auch ohne Handwerk. Das Nymphenhandwerk aber *verrichtet* man nicht, denn der Nymphenleib ist ja kein Leib, der etwas verrichtet, sondern ihr ganzer Leib ist die Verrichtung. Darf sie da überhaupt *mein Leib* sagen. Sie ist keine Handwerkerin, sie *ist* das Handwerk. Dennoch passt sie da wohl hierher in die Vorstadt, wo die Handwerker sind, außerhalb der Stadtmauern. Keine der guten Vorstädte, freilich, aber man könnte noch weiter draußen sein, da wärs noch schlechter. Früher, in den besseren oder weniger schlechten Tagen, war sie noch innerhalb der Mauern: am Graben und am Kohlmarkt, wo es heller und weiter ist und die Striche aus feinerer Kreide gezogen werden und die Langeweile manchmal lustiger war als hier, wo nämlich gar keine Kreide ist, sondern höchstens alles ein einziger Strich. Das Schicksal gibt jedem seine Stellung, wie er steht, und jeder ihre Lage, wie sie liegt. Aber man könnte sich die Tage auch noch viel schlechter vorstellen, es gibt auch Nymphen bei den Abfallhalden der Salpeter-Erzeugungs-Compagnie, und gibt manche schaurige Tabagien, in denen einer die Luft wegbleibt, und sogar an den schönen Alleen des Glacis findet man gewisse schaurige Winkel, wo die Langeweile zum Ekel wird. Sie kanns schon riechen. Wenn sie daran denken muss, macht sie die Augen lieber wieder auf. Da blendet die Sonne sie zunächst. Wie gleißend hell diese verschattete Wohnung auf einmal sein kann. Und trotzdem muss sie auch bei offenen Augen weiter denken an die Ausschussware unter den Nymphen, solche, bei denen bald schon die Knochen herausstehen. Aber einer findet sich immer, dem das gleich ist.

Da ist so ein Fenster, durch das im Mai zur Mittagszeit Sonnenlicht hereinfällt, noch das bessere Schlechtere.

Es kommt freilich an trockenen Tagen wie diesem auch der Vorstadtgestank herein statt der gewünschten frischen Luft, und nun auch eine Stubenfliege, an ihrem Ohr vorbeisummend, die sie an den Dämon erinnert, den sie in sich ahnt. Den sich einnistenden Dämon, der vielleicht zum − − − führt.

Denn dann werden die Fliegen kommen, und sie werden meinen Leib betreten, und wer kann dann noch *meiner* sagen.

Ein anderer Dämon in ihr ist das als der, der ein Kind wurde, und kommt doch von derselben Sache her, dem Handwerk, der langweiligen Liebe, die manche Unzucht nennen. Vor zwölf Jahren wurde dieses Kind geboren, sie hat es nur wenige Tage gesehen. Damals hoffte sie noch, ihm bald zu folgen, aber daraus ist nie etwas geworden, und nun ist es ja schon groß, wenn es überhaupt noch lebt, darüber weiß sie nichts. Denn von ihrer Freundin Resi, die das Kind damals mitnahm, als sie in ihr Dorf zurückkehrte, bekam sie nie eine Nachricht. Resi hat die Kinder gemocht über das Maß, das eine sich leisten darf eigentlich. Denn Kinder sind das Schlimmste, was einer falschen Frau, den sterblichen Ungeliebten, passieren kann. Und viele, viele solche Frauen gibt es. Kinder, die armen Würmer, die doch nichts dafür können, sind ihre ägyptische Plage.

Was haben die Frösche denn Böses getan, dass sie vom Himmel fallen müssen?

Das große Schöne ist nicht vorgesehen für solche wie sie. Das kleine Schöne aber, was passieren könnte, sind die schönen Dinge, an denen sie Freude hat: den wenigen, die sie besitzt, und den vielen, die sie sich wünschen würde, wenn sie noch zu wünschen wagte. Ein Schmuckstück, ein paar lustige Stunden. Spiele und Dinge sind das Schöne des Lebens. Spiele und Dinge ist für sie selbst der Karfreitag, an dem sie immer helle Freude hat, wenn in der Kirche alles schwarz verhangen ist: ein Verschleierspiel, in dem man durch den – – – einfach hindurchschauen kann, als gäbs ihn gar nicht.

Und nicht hungern, das ist fast schon ein großes Schönes.

Aber die Erinnerung ans Hungern geht nie weg.

Doch nicht nur durch das, wo eine *hin*gehen wird, kann man hindurchschauen, sondern auch durch das, wo eine *her*gekommen ist. Ihre ersten Jahre liegen im Dunkeln. So ist es ja wohl bei jedem Menschen, aber bei ihr ist es ein dunkleres Dunkel. Denn die erste Kostfrau, an die sie sich erinnert, war nicht die erste. Das Kind, das sie war, muss herumgereicht worden sein, Genaues weiß sie nicht. Aber sie weiß noch das Hungern. Die Erinnerung ans Hungern ist immer da, die macht, dass man nie ganz satt ist, selbst wenn man sich einmal vollgefressen hat, dass man schon fast speien muss.

Manchmal fasste ein Mann das Kind, das sie war, an, machte sich her über es, da musste es speien trotz Hunger.

Später kam sie einmal, das einzige Mal, sogar aufs Land hinaus, wirklich hinaus, nicht bloß in den Prater, sondern in ein Dorf, das noch über Heiligenstadt hinaus sein muss, wo es lag und wie es hieß, weiß sie nicht. Da musste sie arbeiten und hatte auch Hunger, aber sie grub auch mit den Händen in der Erde und badete einmal in einem See. Noch immer ist ihr das eine Empfindung wie gemalt, oder mehr noch, als hätte sie die Erdkrumen noch unter den Nägeln und das kalte, klare Wasser auf der Haut. Und von da hat sie, als sie bald wieder in der Stadt war, um zu arbeiten und etwas weniger Hunger zu haben, auch einen Traum von Dingen behalten: ein

Haus, ein paar Bäume, ein Stück Land. Und hat dann noch das Glück, oder weniger Unglück, gehabt, dass sie schön war und an den Kohlmarkt gelangte, wo es lustig zugeht, oder weniger traurig. Denn ein Leben unter den traurigen Küchentrabanten war ihr erst recht nichts.

Und nun ist sie selbst das Dunkel, das um ihr Kind war am Anfang von dessen Leben. Dem Anfang, an dem sie Sorge hatte, dass dieses Leben gleich im Dunkel enden würde. Denn im Findelhaus an der Alserstraße sterben die Kinder (wie die Fliegen, sagt man, aber es sind ja überall lebendige Fliegen, den Fliegen geht es besser als den Kindern), und von den Kostfrauen hört man, dass sie alle Wochen die unter ihren Händen gestorbenen Findlinge gegen einen neuen, lebenden eintauschen. Also gab sie das Kind Resi mit, die es unterzubringen versprach.

So ein Glück hat eine nun selten.

Ein anderes ist bei der Geburt gestorben. Dem hoffte sie auch bald zu folgen, damals. Später hat sie sie immer beizeiten weggemacht. Schön ist es nicht. Aber man bekommt Übung darin. Nur ist es gefährlich.

Jetzt spürt sie die Sonne auf den Unterarmen. Das Licht kitzelt sie, eine angenehme Empfindung. Kleine, kaum sichtbare Härchen sind auf ihrer Haut. Und sie erinnert sich an einen Traum, den sie letzte Nacht hatte, als hätte sie wieder wer angestupst, der es gut mit ihr meint, wenn auch vergeblich: *über den Wolken*. Sie hat öfter diesen Traum, es ist jedes Mal dasselbe, sie müsste es eigentlich kennen, und doch ist sie immer von neuem überrascht, wenn sie hochschaut. Da geht sie hin auf den Wolken, wunderbar allein. (Obwohl ja heute gar keine Wolken am Himmel sind, dem kleinen Stück hoch über der Gasse nach zu urteilen, das sie von hier aus sieht.) Sie trägt schöne, teure Schnürstiefel und schaut auf die weite Welt unter ihr. Städte, Länder, Flüsse. Ist das eine Weite. Wie riesig die Welt ist. Wie riesig da erst das Weltall sein muss. Überm Sternenzelt wird wohl ein lieber Vater wohnen, dem muss sie hier ja näher sein, und schaut hoch, dass es im Genick knack macht – und da sieht sie die Füße von tausenden, tausenden Menschen, die noch über ihr, der Wolkengängerin, gehen und die sie gar nicht bemerkt hat. Männer und Frauen sind das, sie sieht sie von unten, nur die Sohlen. Ist sie begraben unter ihnen, oder wird sie zertreten? Aber die Sohlen berühren sie ja nicht. Die bemerken sie nicht mal.

Sie hat gedacht, die Höhe über ihr wäre frei.

Und dennoch ist es schön über den Wolken.

Auf dem Kohlmarkt waren die weniger schlechten Tage, und wenn sie an die zurückdenkt, waren sie wirklich die besseren. Einige wenige Frauen, die glücklichsten, wurden nach oben weggepflückt, von einer Herrschaft, die sie für sich haben will, die meisten, weniger glücklichen rutschen mit der Zeit dahin. Damals aber war sie ein Handwerk an Herrschaften und sogar an Berühmtheiten. Wusste natürlich meistens nicht, wer er ist, außer dass er vornehm ist, wenn es ihr nicht später eine steckte, wer das nun wieder gewesen war: der Staatsrat So-und-so, der Hofbeamte Der-und-der.

Die beste Geschäftszeit war freilich der große Kongress, als alle diese Herren in der Stadt logierten, und viel getanzt hat sie auch damals, obwohl sie das Dahinrutschen schon zu spüren begann. Lustige, herrliche Zeiten, sagt man. Für sie anstrengend. Aber ertragreich. Und wie immer langweilig. Und die Kriegszeit davor, mit den ganzen Franzosen in der Stadt, war auch nicht schlecht …

Von einem, der früher manchmal da gewesen war, hat sie erst Jahre später erfahren, wer er war. Da war sie, nach langer Zeit, mal wieder in den Prater gegangen, wo es Bäume und Himmel und Kutschen gibt, gemeinsam mit einer Nachbarin, und da kam ihnen einer entgegen mit seinen Begleitern, direkt auf sie zu nach der Parole: *Bleibt nur in meinem Arm hängen, sie müssen uns Platz machen, wir nicht!* Die Begleiter waren eine scheußliche Hopfenstange und ein schöner Jüngling. Er aber war nichts Besonderes, ein Mann wie alle anderen. Er erkannte sie natürlich nicht wieder, wie auch, er hatte sie ja damals kaum eines Blickes gewürdigt. Jetzt, weil die drei so auf sie zuhielten, als wären sie Luft, traten sie ihnen gleich aus dem Weg im Prater.

Weißt du, wer das war, fragte die Nachbarin.

Der schöne Junge?, hat sie zurückgefragt.

Der tät dich wohl mehr interessieren.

Eigentlich nicht, dachte sie, aber sagte es nur zu sich selbst, denn man mag keine Spaßverderberin sein. Die Nachbarin erklärte ihr, dass der in der Mitte ein berühmter, seltsamer Komponist sei, namens Betofen. Den

Namen hatte sie tatsächlich schon öfter gehört, wenn auch mehr der Seltsamkeit wegen als der Berühmtheit.

Und sie erinnerte sich an ihn. Aber nicht weil er etwas Besonderes gewesen wäre, als er zu ihr gekommen war, und gewiss auch öfter zu anderen, damals auf dem Kohlmarkt. Jeder Mann war anders, aber einer ist wie der andere. Sondern sie erinnerte sich, weil er einer der in Frage kommenden war. Das will freilich nichts heißen, denn da kamen dutzende in Frage. Und vielleicht kam er nicht mal in Frage? War er nicht der gewesen, der die mitgebrachten Fischblasen benutzte? Sie wusste es nicht mehr. Sie erinnerte sich an keine Einzelheiten, er war in ihrem Kopf mit allen anderen Männern verschwommen.

Dann fiel ihr aber doch etwas ein: dass er immer so schweighaft zur Sache gegangen war. *Wenn* er derjenige gewesen war. Dann hatte er gewiss zu den Gequälten gehört. Denn sie unterscheidet für sich (damals freilich mehr als heute, wo es gleich ist) die Männer nach Gruppen. Da gibt es die Flotten, die sich wiederum unterscheiden in die lustig Flotten und die schaurig Flotten. Und dann gibt es die, die einen nie richtig anschauen, so als quälte sie etwas. Das Gewissen vielleicht, denn es sind ja Herrschaften, die können sich so eins leisten. Aber dann beißt das Gewissen sie immerfort, wie eine Wanze, und sie haben ja eine derart feine Haut, dass sie dieses Beißen immerfort spüren.

Diese Gequälten, die vom Gewissen Gewanzten sind nun manchmal die Allerschaurigsten. Nicht dass unter den Ungequälten nicht auch Allerschaurigste wären. Aber die Gequälten – als ob ich ein Schmutz wär. Bin ich kein Mensch? Und was lassen sie sich quälen und beißen, zwingt sie ja keiner, sich auf eine Frau drauf zu legen? Zwingt sie wohl doch was. Die Geschlechtigkeit der Welt. Ist oft immer das Gleiche bei den Männern, es geht ihnen schlecht wegen der Geschlechtigkeit und zieht sie doch immer wieder zu ihr her. Die Geschlechtigkeit der Welt ist ja bloß die Geschlechtigkeit der Männer, aber ausbaden muss sie es.

Andererseits ernährt sie sie, halbwegs. Die Geschlechtigkeit füttert die ungeliebten Sterblichen (mehr noch allerdings ihre, der Gedanken unwerten, Mitschläfer und Mitverdiener). Das Hungern ist sie los, selbst heute. Nur wer weiß, was noch kommen wird.

Es gibt welche, die quälen einen ja richtig mit ihrer Gequältheit. Einen gibts, der sieht sie immer an wie ein verfaultes Stück Fleisch und behandelt sie auch so. Fehlt noch, dass er sich die dicke Nase zuhält. Warum ers sich nicht gleich in die Latrine abhobelt dann, das Scheißstück. Da hat ers noch billiger.

Aber am ekligsten sind die Alten, solche ausgemergelten Molche. Wer will schon mit einer Leiche verkehren. Solche *machen* ihr Angst durch ihre Erscheinung, aber sie *hat* keine Angst vor ihnen. Die hat sie eher noch manchmal vor den jungen, hübschen, die noch Flaum am Kinn haben, aber sowas in den Augen.

Und es gibt, immerhin, auch manchmal einen mit Wärme. Wenn einer nett ist, dann wird sie noch immer barmherzig. Mancher bringt sogar mal ein kleines Geschenk mit. Andere bringen nur Eile, dann ist man aber auch froh, dass er in Eile ist.

Der da hatte es immer eilig gehabt und nicht viel gesagt. Trotzdem war sie ihm gegenüber noch eher auf der barmherzigen Seite, weil er ihr leid tat, so gequält von der Geschlechtigkeit der Welt. Aber, ehrlich, besonders freundlich war er trotzdem nicht. Und die Wimmerln und Blattern in seinem Gesicht mochte sie auch nicht. Da freilich kann ja kein Mensch dafür. Einer kann nur dafür, ob er nett ist, und nicht mal das immer. (Hässlich waren die Wimmerln aber doch.)

Er war ein paarmal gekommen und irgendwann nicht wieder, sie hatte ihn längst vergessen bis zu jenem Tag im Prater. Denn das kommt ständig vor, dass welche ein paarmal auftauchen und dann nie wieder. Sie erinnerte sich an nichts Außerordentliches oder Seltsames. Es war alles wie bei allen Männern gewesen. Und später an diesem Pratertag fuhr noch eine sechsspännige Kutsche an ihnen vorbei, der Staub wirbelte auf, aber welch schöne Pferde vor dem Wagen, in dem sie flüchtig einen nicht sehr schönen Herrn sitzen sah, der dem Betofen ganz ähnlich schien, so dass sie sich nicht mehr sicher war, ob es nicht eher der gewesen war, der damals bei ihr verkehrt hatte. Einer wie alle.

Damals aber, am Kohlmarkt, war sie noch öfter und stärker barmherzig, denn Barmherzigkeit muss man sich leisten können, wie ein Gewissen. Damals konnte sie sich mehr leisten, auch mal schöne Dinge. Jetzt, da die Tage schlechter werden, würde sie ganz gern die Männer ein wenig ausspitzeln. Andere tun das. Denn Nymphen sind begehrte Spitzel, sie dienen der Sicherheit des Staates auf vielerlei Weise. Sie muss sich einmal erkundigen, wie man ein Spitzel wird, oder auf die Gelegenheit warten.

Denn sie hat längst keine Barmherzigkeit mehr zu verschenken. Der Dämon, der in ihr wächst, ist eine Krankheit zum – – –. Eine, nach der kein Hahn kräht, wenn sie nicht die Hähne ansteckt damit, das Anstecken nämlich wird streng bestraft. Freilich, in der Leopoldstädter Policey-Anstalt, wo die gefallenen Frauen sogar durch die löbliche Policey in andere Umstände geraten, wird eine so leicht keiner mehr anfassen, wenn er erst von dem Dämon und dem Anstecken weiß. Den sie aber ja von einem Hahn hat. Ein Hahn hat den Dämon in sie hineingetan, das ist klar.

Es ist, als wiegten sich die Härchen auf ihrer Haut im Sonnenlicht, Gras im Wind. Denn alles Fleisch, es ist wie Gras. Die Sonne wird schon bald wieder hinter den Dächern verschwinden, die Gasse ist so schmal und das Erdgeschoss so tief, dass die Dächer hoch werden und der Abend gleich nach dem Mittag kommt. Herbst im Mai. Sie betrachtet ihren Unterarm, in dem Knochen sind, die sie noch niemals gesehen, und doch sind es ja ihre. Andere werden diese Knochen sehen, wie kann sie da sagen *meine* Knochen, *mein* Leib. Die Fliegen sind es, die die Knochen sehen werden, die lebendigen Fliegen, wenn ihr Leib sich öffnet. Die Fliegen der Erde heißen

Würmer. Ihr Leib gehört den Fliegen und den Männern.

Doch den Gedanken an den – – – wiegelt sie lieber ab. Dabei ist er der einzige Gedanke, der die Erinnerung ans Hungern vergessen lässt. Lieber tausendmal hungern als einmal das.

Und geht ein paar Schritte zu dem Tisch hinüber, auf dem der kleine Spiegel liegt. Erst muss sie nach all dem Licht ein wenig blinzeln, um etwas zu erkennen. Sich. Ihre Seele. Es sind Flecken auf dem Glas, dennoch sieht man im Schmutz den Glanz der Seele. Denn die Seele, das sind ihre Augen. In den Augen sitzt die Seele.

Sie ist schön.

Wie wunderbar es wäre, wenn sie mit einem Fingertippen dieses Spiegelbild in die ganze Welt schicken könnte. Damit alle sehen können, wie schön sie, immer noch, ist. Ihre Seele.

Wenn der Leib aufgeht für die Fliegen, wird sich die Seele geschlossen haben.

Da spricht sie einer durchs Fenster an.

1846

Le mieux est l'enemi du bien, notierte, zwei Tage vor Hei-
ligabend, die ungarische Gräfin Theresia Josepha
Anna Johanna Aloysia Brunsvik de Korompa, genannt
Therese, die jetzt (vielleicht weil sie, zwar willentlich,
unverheiratet und kinderlos geblieben war) oft an die
Toten dachte: ihre jüngeren Schwestern Charlotte und
Josephine vor allem und bereits sechs von acht Kindern der armen Josephine, ihre Nichten und Neffen,
alle jung gestorben außer dem zähen Fritz und der so
gesunden, wie sie unverheirateten Minona – – – oft
an die Toten dachte trotz ihrer eigenen unermüdlichen
Tätigkeit als, von Johann Heinrich Pestalozzi bei einer
Jahrzehnte zurückliegenden Begegnung, die Josephine
zum Verhängnis, oder einem von vielen Verhängnissen,
geworden war, inspirierte Kleinkinderbewahranstalts-
gründerin und auch im Alter von einundsiebzig Jahren,

als einst in Öl porträtierte Priesterin der Wahrheit mit Bändern im lockigen Haar, selten um eine sinnige Sentenz verlegen; und fuhr, nach einer schwermütigen Bedenkpause und einem langen Gedankenstrich, zu schreiben fort: — *sie beide zusam̄en wären glüklich gewesen,* und wollte bereits einen Punkt setzen, da besann sie sich noch einmal und fügte hinzu: *(vielleicht).*

1821 — Die andere Josephine

Die sterbliche Geliebte, schweißnass auf dem Bett, dumpfe Walzerklänge von weit weg im Ohr, sah zwei junge Frauen, die in Obhut ihrer Mutter eine Wendeltreppe hinaufstiegen. Eine der beiden Töchter, die ältere und ernstere, war ihre Schwester Therese, die jüngere und leichtfertigere sie selbst. Die hatte den Kopf in Wolken und ahnte nicht, dass in eben diesem Moment eine Sterbende sie anblickte. Die drei Frauen (weißgekleidet, wie es damals Mode war, mit himmelhohen Taillen und die Ärmel an den Schultern gebauscht) waren über den Graben gekommen, vom späteren Hôtel *Erzherzog Carl* her, das damals noch *Zum Goldenen Greif* hieß. Als sie am Vorabend am Graben spaziert waren, hatte sie, die jüngste der drei Frauen, an der hohen Pestsäule alberne, lustvolle Gedanken gehabt, bloß im Geheimen, versteht sich, und als am Rand des Menschentrubels zwielichtige

Frauen zu bemerken gewesen waren, hatte die Mutter ihre Töchter eilig vorbeigescheucht. *Assez*, sie waren ins Hôtel zurückgekehrt. Jetzt war kein Vorabend mehr, sondern helllichter Vormittag, das Treppenhaus jedoch schummrig, und sie hatte noch einen Blick auf die Säule geworfen, bevor sie vom Graben abgebogen waren, und dort, ums Eck, war die Peterskirche mit der dicken grünen Kuppel gelegen, ein Monster, das in der Gasse hockt.

Dauernd dachte sie Sachen im Geheimen damals. Die lagen in einer Kammer ihres Kopfs, in der dunklen; in der anderen Kammer aber, der helleren, in der dennoch alles verschwommen war, schwebten die höheren Träume. Denn sie und ihre Schwester glichen Träumerinnen, herabgestiegen oder eher gefallen aus einem außerweltlich Höheren, Ätherischen. Um jetzt in der Wiener Innerwelt gleich wieder hinaufzusteigen, ein wenig mühsam (die klebende Materie, von der sie viel später Andrian schrieb), über eine, neben der breiten Kirche unerwartet enge, Wendeltreppe. Die Mutter war es, die ihre Töchter da hinaufsteigen ließ, sie hatte bestimmte Absichten. Alles war Absicht, was die Mutter die Töchter tun ließ. Wie das Tanzen, *elle danse en cadences*, so das Klavierspielen, *c'est merveilleux, prodigieux*, so die rundum gebildete und gefertigte Persönlichkeit: *Place, place, elle passe*, die angefertigte, gebildete Person. Abrichtung zu einem olympischen Wesen: *Elle fend l'air comme un éclair.* Auf dass sie nun in Wien die Finger, die sie empor zu strecken und flach zu halten gelernt hatten, niederhielten und bögen. Denn wer Klavierspielen kann, die heiratet besser.

Jetzt sind die Kammern im Kopf aufgeplatzt, und es quillt alles Mögliche heraus, Düsteres, Grelles, völlig Unklares, Eiter statt Äther. Wie die treue Therese, mit der sie so viele Jahre zusammengelebt hat, sie aushungern wollte, um sie zum Verlassen Wiens zu zwingen, zum Heimkommen nach Martonvásár. Ihr Herkunftsschloss – der Ort, wo ihre Kindheit ein diszipliniertes Idyll war und von wo sie viel später, jüngst, lauter Vernichtungsbriefe ereilt haben: *nur bedauern, nicht helfen.* Vernichtungsbriefe auch von Franz, dem empfindsamen Bruder, dem Cellisten, der sie auslöschen will. Von B. aber ereilten sie einst, ewig lang ist das her, Liebesbriefe, die in ihrem Überschwang und ihrer ungelenken Schönheit auch etwas Vernichtendes hatten. Engel meines Herzens – meines Lebens. Da liegt der Engel jetzt, *aufgelöst, aus den Angeln gerissen, zerstört*, die Materie klebt an ihm. Und stellt sich vor, dieser hingefallene Engel, stellt sich vor, wie die nur noch verhasste Mutter auf ihren Brunsvik-Reichtümern sitzt, ein dicker Frosch mit Kopfkuppel, die ungarischen Magnaten sind ja im Krieg immer reicher und reicher und reicher geworden. Sie aber, die Tochter, geborene Brunsvik, verheiratete und verwitwete Deym, verheiratete und ausgerissene, abgeschiedene Stackelberg – sie verhungert. Verhungert standesgemäß, mit Dienstmädchen, und auch ihre liebe Tochter Viky ist da, ihr ältestes Kind – aber verhungert: *will* nichts mehr essen. Schau, Mutter, da liegt jetzt deine

Puppe und Persönlichkeit, die zierliche, manierliche, dein Automat. Da ist nicht viel geblieben vom schönen Kapital. Liegt einfach da. Klebt fest. Ausgestreckt auf dem Bett und will sterben.

Sterben.

Sterben

sterben

wie ein Klappmechanismus geht das Wort im Kopf deiner Tochterpuppe, Tochterpersönlichkeit, immer wieder, klapp klapp, sterben, klapp klapp, sie murmelt das Wort, sie streichelt es, sie verschluckt es, damit es ganz in ihr ist. *Sterben.* Du, Mutter, lebst in dem schönen Brunsvik-Schloss in Martonvásár im Reichtum (leugne nicht, dass du unermesslich reich bist!), und deine Tochter stirbt. Sie ist ja auch selbst schuld. An allem. Da hast du, Josephine: Nemesis. Mutter, Bruder, sogar Schwester werden dir keinen Grabstein setzen. Deine Briefe und Tagebücher werden sie zerreißen. Einige Seiten, freilich, hat sie vielleicht schon selbst herausgerissen, sie ist schon nicht mehr sicher. Wie über so vieles. Die eine Hälfte ihres Lebens war Übermut, die andere Verzagtheit, und beide Hälften ergeben nichts Ganzes, in der Mitte ein unschließbarer Riss. Jetzt also Nervenschwindsucht, schon seit langem: Sie hat halt, wenn auch nicht immer in den richtigen Momenten, so viel Rückgrat gehabt, das hat ihr das Rückenmark ausgezehrt. Liegt nur noch da. Unmöglich, ein heruntergefallenes Ding vom Boden aufzuheben. Unmöglich, einen Fuß aus dem Bett zu setzen. Unmöglich, zu atmen.

Sterben inmitten von Blumenmustern. Und in der Wohnung über ihr spielt wer Walzer auf dem Klavier. Das kommt dumpf durch die Decke. Der Walzerrausch seit einigen Jahren, der hat nach der Zeit angefangen, als sie tanzte. Jetzt liegt sie, allein, und hört ferne Tanz-musik.

Und manchmal spürt sie eine Anwesenheit. Oder viele Anwesenheiten. Einen Hauch, einen heimlichen Zug, etwas Luftiges. Es mag der Magnetismus sein. Vielleicht sogar der Heilige Geist, dieser alte Frauen-schänder (*solche* leichtfertigen Gedanken im Angesicht des Sterbens, Josephine!, spielen wie ein unbefangenes Kind noch am Rande des Abgrunds … aber nicht mehr mit Blumen). – Und dann gelingt es ihr doch wieder einmal, zwar nicht zu tanzen, aber immerhin sich aus dem Bett zu wälzen und ein paar Schritte durchs Zim-mer zu schleppen, übermenschliche Anstrengung, und dann sieht sie im eiskalten Spiegel diese hässlichen blut-unterlaufnen Augen. *Das* soll sie sein? Hässliche Sträh-nen, wo einst die lieblichen Löckchen waren. Das Opium aus der Apotheke *Zum Rothen Krebs* macht alles leichter, aber es erschafft auch Monster. Sie möchte sich selbst ja nicht riechen und nicht sehen. Es ist zum Schreien und Lachen. Zum Davonlachen. Sie schaut in den Spie-gel und lacht sich selbst aus, laut und hässlich; und legt sich wieder hin, um für immer liegenzubleiben im Bett. Ob Therese noch einmal nach Wien kommen wird, um der sterbenden Jüngeren beizustehen, der sie unendlich treu war und endlose Vorwürfe gemacht hat? Wieder und wieder ist die Ältere der Eigensinnigen, Entehrten gekommen mit ihrer lächerlichen Vernunft und Gelassenheit. Die gute, entsetzlich vernünftige Therese. Sei nicht ungerecht gegen sie, auch wenn sie dich verlassen hat. Sie, die unverheiratet geblieben ist und ohne Kinder; wenn sie auch geliebt hat, und wie. Und Hebamme war für das siebte Kind. Denn sie, die Unvernünftige, die Schlechte, hat acht Kinder geboren. Sieben leben. Alle sind ihr lieb, keins weniger und keins mehr als alle andern. Nur das letzte Kind, das geheime, hat sie gleich fortgegeben. Die ersten vier hat zuletzt Therese mehr erzogen als sie. Die späteren drei wurden ihr geraubt. Das letzte, geheime ist tot. Die ganzen Jahre sind alle ihre Kinder am Leben geblieben, seltener Segen, mögen sie lange leben, aber das achte ist mit zwei gestorben. Ihr letztes Kind. Sterben. Sterbensalt, ohne alt geworden zu sein. In ein paar Tagen wird sie zweiundvierzig. Seit Jahren schon kann und mag sie nicht mehr.

An zerrissnem Herzen sterben, aber nicht wegen eines Bestimmten.

Den guten Deym, in dessen Haus sie jetzt liegt, in einer ausgeweideten Wohnung, ruiniert inmitten von Reichtum: Den hatte sie ja auch ganz gern. Und sogar diesen väterlich-verführerischen losen Vogel Andrian, und manchen anderen, namenlosen; und B. natürlich, mit all dem Auf und Ab und Hin und Her und Jahre später dem Treffen in Prag und schließlich, noch später, dem Nachsommer im Jahr ohne Sommer. (Nur für Stackelberg hat sie keine Liebe, den bösen Stachelzwerg,

Erzieher und Erdrücker und Bespitzler und Erstecher, der immer von Religion schwatzt und nichts tut, oder Schreckliches, *tincture des bösartigen Charackters.*)

Und überhaupt: als geschähen Dinge und täte man Dinge je aus einer einzigen Ursache. Als träfe man Entscheidungen je aus einem einzigen Grund. Oder träfe sie eben nicht. Unterlässt man Dinge nicht aus viel mehr Gründen, als man Dinge tut? Die Gründe und Ursachen sind so zahlreich und so verworren, einem wird schwindlig, wenn man drüber nachdenkt. Am Ende weiß man nicht mehr, warum, nur noch, was geschehen ist und was nicht, was noch da ist und was nicht mehr; und selbst das alles nicht mehr so genau. Man weiß nicht mehr ein noch kommt man raus, aus seinem Leben. Bis es dann zu Ende ist.

Schmerzliche Lücken auf den Kommoden und Truhen, zwischen den teuren geblümten Tapeten, selbst die ihr verbliebene Wohnung ist sturmreif geschossen. Das Silberbesteck und die Familienjuwelen hat sie verhökert, Ohrgehänge und Rubinringe und eine Brillantspange von achtzehn Karat. Sie hätte sie auch verbrannt, wenn es geholfen hätte in einem schweren, kalten Moment; wenn Juwelen brennen würden. Der Ofen, den das Dienstmädchen heute Morgen angefeuert hat, bevor sie aus dem Haus ging (oder war es gestern), ist schon wieder fast ausgekühlt, das Mädchen wird nachheizen, wenn sie zurückkommt, oder vielleicht Viky. Wo sind sie? Sollen sie kommen und heizen, oder halt nicht, ihr ist es ja egal, frieren oder schwitzen, oder beides zugleich, was das Häufigste ist. Einiges ist immerhin noch da, was man verkaufen könnte, der Diwan, das geliebte Klavier von Walter (selbst die Musik hat sie verloren, sie spielt seit langem nicht mehr) – aber das zu verkaufen wird vielleicht nicht mehr nötig sein. Oder zumindest nicht ihre Angelegenheit. Die Vorhänge sind zugezogen, wie wird es wohl draußen sein? Dort ist Reichtum und vielleicht schon Frühling. Oder es wird nie wieder einer. Manchmal ist ein Prasselregen zu vernehmen, mag sein auch Märzhagel, manchmal sind die Schatten des Sonnenscheins zu sehen hier drinnen. Die Welt dort draußen scheint ihr furchtbar weit weg, wie die Walzer über ihr. Und *das Weltall, der Sternenhimmel in der Brust*. Im letzten Frühjahr schon hat sie im Gesang der Nachtigall immer nur die verzauberte Philomela gehört, die Kindsmörderin. Der sie sich nah fühlt, obwohl sie nun wirklich nie ein Kind gemordet hat, im Gegenteil.

Seit Jahren ist sie in der, immer leerer und zugleich enger werdenden, Wohnung eingeschlossen, im Rotenturmhaus. Wo aber der seit Jahren dauernd umziehende B. jetzt wieder wohnt, das weiß man nicht.

Vor fünf Jahren sind sie sich, die letzten längeren Male, noch begegnet – im Jahr ohne Sommer, als es in einem fort regnete und die ganze Welt fror. Das war vielleicht die schönste Zeit mit B., dem fernen Liebenden: als alles schon hoffnungslos war und längst vorbei. Fern liebt sichs besser, in jeder Hinsicht. Zugleich waren diese Tage ein letzter Abschied. Damals schlugen schon die Brocken des Eissturms um sie herum ein, immer dichter.

Selbst das Gehen fiel ihr manchmal schwer, und alles war bereits überschattet – als käme der Ohnesommer aus ihnen selbst. Gerade deshalb nochmal so ein Glück der Zusammengehörigkeit.

Seit diesem Jahr ohne Sommer ist es, für sie, kalt geblieben. Ist sie die sich selbst ferne Geliebte.

Aber der Sommer selbst, der keiner war, war gut. Trotz der Mühe. Diskrete Spaziergänge auf dem Lande. Sie schrieben nichts davon auf, und was doch, das zerrissen und verbrannten sie. Seinen zehnjährigen Neffen, für den er seit einigen Monaten sorgte, hatte B. seltsamerweise nicht mit aufs Land genommen, sondern im Institut gelassen; und auch sie hatte, natürlich!, ihr geheimes zehnmonatiges Töchterlein nicht dabei. Auch vor ihm sollte es geheim bleiben. Nach der Dreijährigen aber erkundigte er sich, nach ihrem siebten, ihr von Stackelberg entzogenen Kind. Was für andere Menschen waren sie geworden in den siebzehn Jahren, seit sie sich zum ersten Mal gesehen hatten: er nicht nur taub, sondern immer wieder ins Bittere fallend und auch zusehends verlottert in den letzten Jahren, wie sie kaum selbst gesehen, aber oft gehört hatte; kam freilich aus dem Bitteren auch immer wieder heraus und kleidete sich in diesem Sommer, der keiner war, auf einmal wieder fast so elegant wie damals. Sie aber – unsinnige Auftritte in den letzten Monaten, ein einziger Riss – und doch entschlossen, wozu auch immer, und voller Liebe. Die ist immer in ihr gewesen, die ist es vielleicht auch, die sie zugrunde gerichtet hat. Und eben auch die Lust, die Liebe ist. Soll nur Männer die Lust überkommen? Der Sommer, der keiner war, half ihnen beiden noch einmal auf; ihr freilich bloß hinüber in diesen letzten, nun schon fünf Jahre dauernden Herbst, ihm – man weiß es ja nicht, und sie wird wohl nicht mehr erfahren, worauf es mit ihm noch hinaus will. Damals gingen sie viel miteinander, in der Gegend von Baden und immer weiter fort: auf wenig benutzten Wegen, schon weil sie zum Antworten ja schreien musste; sonst, wenn sie nicht sprachen, B. oft einige Schritte voraus mit dem Kompass in der Hand, um sich dann immer wieder zu zwingen, langsamer zu gehen, ganz gegen seine Natur, aber ihr, der Kränklichen, zuliebe. Öfter gerieten sie auch aneinander, jedem sein Raptus, ihre Rage, sein moralischer Rappel – und doch war es gut, gut; und wie herrlich hätte ihr Leben erst sein können, gäbe es die Welt nicht. (Wie weit hätte er gegen seine Natur existieren können, wenn es anders gegangen wäre mit ihnen? Und was hätte ihn und sie das gekostet? Besser nicht ausmalen. Lieber Empfindung als Ausmalerei des nicht gelebten Lebens.) Immer wieder flüchteten sie vor dem einsetzenden Regen unter Bäume oder in die Häuser guter, verschwiegener Menschen. Einmal aber waren sie viel weiter gegangen als sonst und in eine ihnen ganz unbekannte Gegend geraten, in der Nähe eines großen Sees, wo sie vom erneut zu strömen beginnenden Regen durchnässt Zuflucht fanden in einer würfelförmigen Villa an einem Hang, einem regelrechten Landgut: Dort hausten fünf durchgedrehte Engländer, drei Männer und zwei Frauen, Halbschwestern namens Mary und Claire, letztere schwanger; sie süffelten Laudanum, goldgelben Mohnsaft aus der Apotheke (den auch B. probierte, um sich aufzuwärmen sowie zwecks Ruhigstellung des Darms; auch wenn er wohl lieber den Wein ohne beigemischtes Opium und Alraune getrunken hätte) und plauderten am Kaminfeuer krauses Zeug über Gespenster und Vampyre und die Möglichkeit, Leben aus toter Materie zu erwecken. Um einen gewissen Doktor Darwin ging es, Erasmus Darwin, der Fadennudeln in Gläsern dazu gebracht habe, sich von allein zu bewegen, und ums Galvanisieren von Leichnamen, und wie man aus passenden toten Einzelheiten ein Lebewesen zusammensetzen könnte. Die Dichtung tue nichts anderes, behauptete einer. Sie selbst, zaghafter Versuch, warf die olle Kamelle Mesmer und den Magnetismus ein, aber das schien diesen verstiegenen Engländern überhaupt nicht das Wahre und Aufregende. Und B. fühlte sich, zumal er halbtaub den, überdies englischen, Gesprächen kaum folgen konnte und vielleicht auch angesichts der moralisch unklaren Bindungen zwischen diesen Männern und Frauen, sichtlich unwohl, und sie verabschiedeten sich, statt wie angeboten zu übernachten; wie sie dann den sehr langen, trotz Kompass verwirrenden Heimweg in der Nässe und mit all dem Laudanum im Blut bewerkstelligt hatten, wusste sie nicht mehr. Nur dass sie am nächsten Tag beide erkältet waren. B. nieste so lärmend, wie er lachte. Homerisches Gelächter, homerisches Hatschi. Und motzte, die Geschöpfe des Prometheus seien doch keine zusammengestückten Leichname! Eher noch glichen sie Kindern – Söhnen!

Sie hatten in diesem verregneten Sommer auch die Idee, dass er sie nach Bad Pyrmont begleiten könnte, wohin sie reisen wollte, den Pass, der allerdings auf sich warten ließ, hatte sie bereits in Budapest beantragt. Die Pass-Angelegenheiten wurden immer strenger und undurchsichtiger damals. Zur Reise kam es dann doch nicht, weil B.s Neffe an der Leiste operiert wurde und aus anderen Gründen, und auf sie schlugen weiter die Eisbrocken ein aus schlimmem, kaltem Himmel: Stackelberg, vor dem Gesetz noch immer ihr Mann, trat wieder auf. Er ahnte nichts und ahnte alles – alles aufgrund seines krankhaften Misstrauens, nichts aufgrund seiner Narr- und Blindheit. Nicht einmal, dass sie schwanger gewesen war, hatte er ja im Jahr zuvor bemerkt, trotz all seiner Spitzeleien, der böse Narr, als er nach Wien gekommen war: gezeugt noch in ihrem stechenden Schmerz um die von ihm geraubten Kinder und auch, was ist denn schlimm daran, in plötzlicher Lust, *ihrer* Lust, von dem schönen Hauslehrer Andrian, dem verlockenden losen Vogel, der dann – denn fürsorglich war er, vielleicht der Fürsorglichste von allen – das Töchterchen Emilie (und natürlich hatte sie an Rousseaus *Émile* gedacht, in der Sehnsucht nach einem Naturzustand, den die Welt nicht erlaubte) mitnahm, um es allein aufzuziehen, ihr geheimes achtes Kind, geboren morgens um viertel vor vier in einer Hütte im Wienerwald, in die sie sich als *Gräfin von Mayersfeld* einmietete, in einem Dorf mit schönem Blick über Wien, in das man durch einen Wald voller Parapluiebäume gelangte, demütigendes Versteckspiel in herrlicher Umgebung. Therese, die damals noch in Wien lebte und viel mit B. verkehrte, ihm oft Bücher lieh und sogar als in Öl porträtierte Athene an seiner Wand hing, Priesterin der Wahrheit, erregend keusch – Therese sorgte dafür, dass auch er nichts erfuhr von der Wahrheit. Was ist Wahrheit. Aber das war ja das geringste Problem. Schlimmer, dass die Wiener Polizeidirektion, angespitzt von Stackelberg, Spitzelberichte anforderte, während sie im sechsten Monat war; und dass sie in diesem anderen Zustand Briefe erhielt, bald warnende, bald erpresserische. Denn ganz geheim halten ließ sich das alles nicht, es wurde ja sichtbar und es kostete, wie alles, Geld (*das*, war sie sicher und zürnte, der eigentliche Grund, der die Mutter und sogar die treu-hochfahrende Therese sie, die *Entehrte*, verwerfen ließ). Einige Wochen später wurde B. Vormund über seinen Neffen Karl, dessen Vater, sein Bruder, gestorben war. Sie aber ließ Andrian über dessen Wiener Schwester Geld zukommen, das andere (auch der ahnungslos treue, am Ende sogar sich selbst zu ruinieren bereite B.) ihr zukommen ließen. Kein ganzes Jahr alt war Emilie in jenem Sommer, der keiner war, als sie, nun achtfache Mutter und Frau von vielen und keinem, ihre diskreten Spaziergänge mit B. in Baden unternahm, ohne ihr Töchterlein und ohne seinen Neffen; und keine zwei Jahre, als das Töchterlein an Masern starb. Da schau her, Rousseau, alter Trottel.

Damals lag die geheime Mutter des achten, in den wahren Naturzustand zurückgekehrten Kindes längst auf
dem Bett, angekleidet und nervenschwach und finanziell ruiniert, um sie noch die vier älteren Kinder aus
der ersten Ehe mit Deym, aber ohne die drei jüngeren,
die Stackelberg ihr, als sie sich ihm nach Estland zu
folgen weigerte, entzogen hatte mittels Verleumdungen
und polizeilicher Gewalt, samt Gouvernante, der Reise-
wagen stand schon vor dem Tor, als sechs Polizisten in
die Wohnung drangen wie zu einer Verbrecherin; bloß
um später die Kinder, der böse Narr, irgendwo fern von
sich und seinen Luftschlössern zum *Wohl der Menschheit* verkommen zu lassen, wie alarmierenden Briefen
zu entnehmen war. Fritz Deym aber, ihr ältester Sohn,
verwilderte zusehends, begann seine Mutter zu ver-
achten des ungehörigen Halbschwesterchens und der
ungehörigen Armut wegen, und weil sie eine Frau war,
ein ungehöriger Mensch, und trat in die Armee ein, wo
man weiter verroht, trank und spielte ohne Maßen und
machte Schulden, für die sie aufkommen musste, seine
Mutter. Auch Carl, der andere Sohn, wurde Kadett, das
Militärische ihr alles ein Gräuel, nie hat sie sich, wie
andere Frauen, von den Uniformen angezogen gefühlt,
und Tochter Sephine ging zu den Englischen Fräulein
nach Sankt Pölten. Zierlich werden, manierlich werden,
Puppe und Persönlichkeit. Der ferne Bruder Franz aber,
kalt und hart gewordener Cellist, verweigerte weitere
Hilfe, *sey es, wie ihm wolle, ich habe meine Sachen in Ordnung,
sie möge thun nach Gefallen; die alles ausgleichende Neme-*

119

sis hat, und wird sie noch mehr ereilen, und erst recht die ferne, kleinliche Mutter gab ihr, nicht etwa der Welt, die Schuld an Malheur und Nemesis – *nur bedauern, nicht helfen*; doch am schwersten und verletzendsten waren ihr die Vorhaltungen von Therese, der vernünftigen, moralischen Therese, dieser liebsten, fernsten Schwester.

Therese, die vom *höchsten Zweck des Lebens* schwadroniert, das *über irdische Güter erhaben sey.* Wie seicht kommt sie ihr vor mit ihrem Glück durch Vernunft. Übersieht das Dunkle und das Trübe, und vor allen Dingen das Physische: als wären die Güter der Erde nicht ein ebenso wichtiger Teil des Glücks. Der Mensch ist noch nicht geboren worden, der sich ohne physische Mittel zur Geistigkeit emporgeschwungen hätte. Wenn Therese von übersinnlicher Lebensfreiheit redet, redet sie, Josephine, von zehn Mark von der Großmutter und dem letzten Pfennig der Mutter. Natürlich hängt ihre Verdüsterung der letzten Jahre mit den *irdischen Gütern* zusammen, denn ohne die ist alles nichts, da kann Therese idealisieren, wie sie will. Man lebt nicht von Luft und Idealen, und hat man Kinder, schon gar nicht. Therese hat keine Kinder, darum hat sie Ideale. Wer ist denn da die Leichtfertige? Und Therese weiß das ja alles, was auch immer sie predigt. Ausgerechnet Therese sagt ihr, dass sie, Josephine, *am Rande des Abgrunds wie ein unbefangenes Kind mit Blumen* spiele!

Freilich, Therese ist ja nicht nur ideal, sondern auch praktisch. Schon damals kümmerte sie sich um die Vermietung der Wohnungen im riesigen Deym-Haus und darum, dass die Diener ihre paar Groschen bekamen. Und der Armut gegenüber waren sie beide natürlich stets freigebig, wann immer sie sie (immer nur von fern freilich) sahen. Sie, die Jüngere, ängstigte sich vor dieser fernen Armut. Die Armut spukte auch in einer dieser dunklen Kammern im Kopf herum. Therese dagegen frisch, praktisch, tatkräftig: wollte helfen, und wer weiß, was daraus noch werden kann, wenn sie lange leben wird.

Therese wollte die Welt immer verändern. Sie hingegen hat darauf gewartet, dass die Welt sie verändere. Und ist jetzt zum Sterben arm, im Haus in der Rotenturmstraße, umgeben von Reichtum.

Viky aber ist geblieben, die älteste Tochter, gleich wird sie heimkommen, oder das Mädchen. Ihr ist kalt und heiß zugleich. Und wieder spürt sie, leicht, die luftigen Anwesenheiten, den Hauch. Etwas Geistiges ist da. Die Gegenwart von hunderten oder tausenden Liebenden, so ist ihr, oder zwei oder drei. Aber sie sind nur Luft; so wie auch Musik nur Luft ist (ob die Anwesenheiten die Walzer von oben hören können, einen nach dem andern?). Luft nützt ihr nichts. Unnütze gute Geister um sie. Stumm. – Oder doch der Magnetismus. Dem Opium aus dem *Rothen Krebs* sei gedankt, es sei verflucht. Von der *magnetischen Kraft der Thiere* hat sie, schon in der Matratzengruft, an Andrian geschrieben, zu dem sie auch nach Emilies Tod Kontakt hält, weil man von einem treuen losen Vogel am Ende mehr hat als von hilflosen guten Geistern: *Ein höherer Geist kañ nicht her-*

untersteigen aber hinauf ziehen möchte er <u>alle</u> seine Brüder – ...
Ja es muß so seyn, der Aether fliegt zum Himl̄, weñ die Materie
noch klebt.

An B. aber schrieb sie zur selben Zeit (schickte es bloß
nie ab), *Bruchstücke* nannte sie es:

– – – – – – – – – – – – – – – – – *Indem die Seele*
spricht – spricht sie nicht mehr. – Geister sind stum̄.

Was deine Erscheinung in mein Empfindungen weckt –
kañ ich nicht schildern – – – – – Wir wissen keines,
was wir thun, sprechen, sind – das Weltall in der Brust
jeglichen Menschens u. folglich in den unsern ist der
Sternenhim̄el an dem es eben diese Verhältnisse eben
dieselben unermeßlichen Entfernung sind – wie in den
Gestirnen – – – – – – – – – – – – – – – – – – –

Sie scheint zu brechen in uns die Axe, aufgelöst, aus
den Angeln gerissen, zerstört stehen wir da – uns gegen
über – – – – – – – – – – –

– – – – – – es steht vor unsrem iñern Auge – – – – – –
– – – – – – – – – – – – – – –

glücklich bist du nicht – – – – – aber betäubt – – –

In eins zusammen schmelzen kañ nur dan geschehen, weñ
zuerst in eins geschmolzen wir sind mit dem Ewigen ...

Könnte der Geist sich dir ganz offenbaren seine Mängl
sind es, das er es nicht kañ – – – – – – – – –

Da duzte ihn der Engel, den er einst gesiezt hatte; aber
er hat den Brief nie erhalten, es gibt den Brief gar nicht,
die Bruchstücke stehen im Tagebuch, absatzlos, dicht
gedrängt. Überlaufend von Gedankenstrichen, sie versuchte noch, das Unsagbare in Worte zu fassen.

Und so viel besitzt die mit dem Ewigen in eins
Schmelzende – die Sterbende ja noch, unendlich viel:
eine liebe Tochter an ihrer Seite, einen fernen Liebenden. Neulich hat B. ihr, mittels eines geheimen Boten auf
Vikys Nachricht hin, noch Geld gesandt, und so lädiert
ist sie selbst jetzt nicht, dass sie nicht königlich darüber
gelacht hätte, wie die *irrdischen Güter* auf einmal die Standesschranke verkehrt haben, alles auf den Kopf gestellt,
wo Unten war, ist Oben, und wo Oben war, ist Unten,
aber geblieben ist sie, die Standesschranke; und erst die
Standesschranke zwischen leben und sterben; das Geld
nahm sie gern hin.

Und natürlich nahm sie gern hin diese Lieder, die B.
im Frühling des Jahrs ohne Sommer geschrieben hatte
für seinen alten Freund Lobkowitz, dessen Frau, geborene Schwarzenberg, im Winter des Jahrs ohne Sommer
gestorben war; welch ein Herz für die Armen und frische Tatkraft, zwölf Kinder hatte sie und war die erste
der zwölf Damen, die die *Gesellschaft adeliger Frauen zur
Beförderung des Guten und Nützlichen* trugen und ein Spital
in Weikersdorf errichteten und sich in Wien der Blin-

den und Tauben und der Findelkinder annahmen, von denen im Findelhaus so viele starben, dass die Fürstin sie auf dem Lande zu verteilen suchte (und wenn sie an diese Kinder denkt, schämt sie sich für ihre Gräfinnen-Armut noch im Sterben). Der trauernde Fürst starb seiner geliebten Frau nach, als der Herbst des Jahrs ohne Sommer vorüber war. Und auch wenn die Lieder für die tote Fürstin waren – wie sollte sie denn nicht das alles auf sich beziehen, was von dem fernen Liebenden ihres Lebens kam. Der nur manchmal allzu nah und geradezu aufdringlich gewesen war. Für die ihr dürftig erscheinenden Verse der Lieder (sie hatte wahrlich anderes gelesen im Lauf ihres Lebens!) konnte er nichts: *wo im Gestein / still die Primel dort sinnt / weht so leise der Wind / möchte ich sein.* Das Wesentliche ist nur zu hören, nicht zu lesen: wie die Stimme verlöscht im *möchte ich sein* – möchte ich nicht mehr sein. Nicht sein. *Und du singst,* eine Fermate für die Ewigkeit hatte er darüber gesetzt. Mehr aber noch als die Stimme des Sängers ging sie (denn was für eine gute Pianistin sie war, auch damals noch) die Stimme des Klaviers an – darin ähnelte sie B., obwohl er es mit den Stimmen ja durchaus schön machte. Das samtdumpfe Grollen jedoch im Bass des Klaviers, wenn im letzten Lied *das Dämmrungsrot dann zieht nach dem stillen blauen See, und sein letzter Strahl verglüht.* Wenn nur dieses Verglühen auf samtdumpf grollenden Kohlen nicht so schrecklich schmerzhaft wär in der ungesungenen Wirklichkeit. Aber ewig wird es nicht mehr dauern.

Nur den schmetternden Schluss, den hatte sie schon damals nicht geglaubt, da hatte sie längst nicht mehr hingekonnt, und er ja auch nicht. *Und ein liebend Herz erreichet,* das war ein Geschrei.

Noch ehe ich Sie kannte machte ihre Musick mich für Sie enthousiastisch, aber an die erste leibhaftige Begegnung kann sie sich kaum erinnern. Die Begrüßung der Zwanzigjährigen mit Herrn van Beethowen. Der erste Blick, die erste flüchtige Berührung. Es wird behauptet, so ein erstes Mal müsste sich tief einprägen, doch so ist es nicht. Das wirklich Wichtige, das Unsterbliche kam ja alles erst Jahre später. Nur an die enge Wendeltreppe, die sie mit ihrer Schwester Therese und der Mutter hinaufstieg, erinnert sie sich genau. Am Petersplatz, neben der Kirche mit ihrer mächtigen Kuppel, lag Beethowens damalige Wohnung, nur einen Katzensprung entfernt von der Rotenturmstraße, wo sie, Josephine, jetzt liegt, in den Überresten des Hauses Deym. Einen Katzensprung entfernt, und einen unendlichen Abgrund. Doch was tuts, in mehr als einem Zimmer kann niemand sterben.

Beethowen sollte ihnen Klavierunterricht geben. Dass sie die Wendeltreppe hinaufstiegen, war im Mai. Im Juli heiratete sie einen andern.

Beethowen war dreißig damals, der Graf Deym fünfzig, und die Mutter stürzte sich, kaum dass sie ihn entdeckt hatte, mit einem Katzensprung auf ihn wie auf einen großköpfigen Kanarienvogel, weil sie, sterntalerflammende Königin, ihn für einen Krösus sondergleichen hielt; sie hatte von Deyms riesigem Haus sagen hören mit seinen zahllosen Zaubersälen voller Statuen, voller Elfenbein, voller Gemälde und antiker Bronzen und darum, statt an die Fülle des Geistes, sofort an volle Taschen geglaubt und stopfte daher die Tochter so schnell es ging unter die Haube, kluge Heiratspolitik im Feuereifer, der sie, die Tochter, Mutter, Witwe, noch jetzt – noch im Sterben in Rage versetzt. Die Statuen in Deyms Haus waren aus Gips, nach Abdrücken aus den königlichen Sammlungen, die Deym auf seinen Italienreisen genommen hatte. Obwohl er fünfzig war, funktionierte er noch: Jedes Jahr bekam sie ein Kind. Zum Glück, aber natürlich war es ein Unglück, starb der Arme nach vier Jahren Ehe und vier Kindern (das vierte noch unter ihrem Herzen), an einer Lungenentzündung auf der Reise nach Prag, er hatte sich, trotz der empörenden Umstände, bald als ein lieber Mann herausgestellt, und dass er sich als bei weitem nicht so reich herausstellte wie gedacht, gab der Zwangsverheirateten die Gelegenheit zur Rache an der Mutter, die die fehlkalkulierte Ehe gleich wieder auflösen wollte. Wie hätte sie den Mann nicht gern haben können, der die Mutter hereingelegt hatte! Und wie hätte sie ihm verübeln können, dass er sich sofort stürmisch in sie, die Zwanzigjährige, verliebt hatte. Alle verliebten sich damals sofort in sie. Die Alten, die Jungen, die Klugen, die Blöden. Und B., der das vielleicht alles zugleich war, jung und alt und klug und blöd.

Höchstens, dass sie zu leicht zurückliebte. Aber wie kann Lieben schlecht sein. Und Lust.

Meisterin des Klaviers und Herrin aller Herzen, sagte
Therese über sie. Beethowen, der sich nach der überstürzten Deym-Heirat so heftig wie flüchtig in eine
andere Klavierschülerin verliebt hatte (nämlich ihr
albernes, opernliebendes Kusinchen Julie, die später
eine Gräfin Gallenberg wurde), kam weiterhin, jetzt also
ins Haus Deym, dem Hausherrn schenkte er Stücke für
dessen reichverzierte Spieluhr, und ihr gab er weiterhin
Unterricht, an dem mit Rat von Freund Zmeskall auf der
Laimgrube gekauften Klavier von Anton Walter, dem
berühmtesten Klavierbauer seiner Zeit, wie er schon
früher, gleich nach der ersten Begegnung, ins Hôtel *Zum
Goldenen Greif* zu den Schwestern gekommen war und
statt einer Stunde vier oder fünf geblieben, und danach
waren sie noch (denn B. vergaß, dass er der größte Tonsetzer aller Zeiten werden musste) ins Theater gegangen
oder Flanieren und zum nächtlichen Eisessen nach dem
Tanzen. Oft war da auch der um einiges ältere Zmeskall
dabei gewesen, ihr und sein auch später stets verschwiegener Freund, der damals einen Räuberhauptmann-
schnauzbart trug, den die Frauen ihm lachend auszure-
den suchten. Der junge B. aber (bartlos, breite Schultern
und breite Stirn und so ernsthafte Augen, dass sie alle
Narben überstrahlten) konnte nicht tanzen, ihm fehlte
das Taktgefühl, man sollte es nicht glauben, bei einem
solchen Pianisten. Dabei hatte er, erzählte er und lachte
über sich selbst, Tanzstunden genommen, als er aus
Bonn nach Wien gekommen war. Die Füße wollten aber
nicht, wie die Hände konnten. Da sprachen sie lieber

übers Tanzen im *Werther*, den sie beide liebten (aber wer liebte ihn nicht damals?), und sie stellte sich vor, wie sie mit B. *ans Walzen* käme — *wie die Sphären umeinander herumrollten* — es geht eben in Worten und Gedanken besser. *Nie ist mir's so leicht vom Flecke gegangen. Ich war kein Mensch mehr* ... herumfliegen wie Wetter, dass alles rings umher vergeht. — In Wirklichkeit geschah das eher im Klavierspiel. Das Klavierspiel war das Wichtigste. Verfänglicher und verhänglicher Klavierunterricht, in dem Hände und Seelen des Lehrers und der Schülerin einander berühren. Der wahrhaftige Ausdruck war dem Lehrer wichtiger als die richtigen Töne, die aber ohnehin keiner der beiden Schülerinnen Probleme bereiteten, weder Therese noch ihr. Niederhalten und Biegen der Finger, um die Seele aufrichten zu können. Josephine spiele besser, sagte Therese. Therese spiele besser, sagte Josephine. Sie die Leichtfertige, Therese die Ernste; Therese Wille, sie Geist und Genie. Aber das waren ja alles bloß widerliche, widrige Masken, die man ihnen, und vielleicht manchmal sie beide sich selbst, aufgezwungen hatte, so wie man sie, Josephine, unter die Haube stopfte. Therese dagegen ließ sich nicht stopfen, sie liebte auch einige Male und besonders Jahre später einen Mann, einen Offizier, doch so, wie sie es wollte — diotimahaft, ohne zu heiraten; aber das ist ein anderer Ludwig, eine andere Geschichte, und Josephine ist ja schon von ihrer eigenen Geschichte überfordert, und wahrscheinlich ist das Leben sowieso gar keine Geschichte und alles ganz anders gewesen. Ein Maskenspiel und Haubenspiel, das sie nicht selber spielte, sondern das ihr mitgespielt hat.

Aber das Klavierspielen. Von hier aus denkt sie mit größter Freude ans Klavierspielen zurück, mit größerer sogar als an die Liebe, dieses Bündel aus Wünschen und Neigungen und kitzelnden Gelüsten. Die Stunden am Klavier, die schönsten des Lebens. Die Stunden echter Liebe: die zweitschönsten.

Spielt man Beethowen etwa leichtfertig besser als ernst? Wohl kaum. Viky war erst ein halbes Jahr alt und Fritz noch ein paar Monate ungeboren, als sie, die junge Mutter und Gräfin Deym, das Klavier spielte in den Sonaten *per il Clavicembalo o Forte-Piano con un Violino*, die man nie und nimmer *Violinsonaten* genannt hätte. Sie spielte, Schuppanzigh begleitete. Der junge Schuppanzigh, der Männer erzte und Frauen siezte und später ein – *das* Quartett gründen sollte. Das Konzert fand in der Wohnung der einschüchternd klugen Duchessa Juliane Giovane statt, die früher von ihrem Fenster aus den Ausbruch des Vesuv betrachtet und am Fuß des Vulkans Mineralien gesammelt und später ihren ungehobelten, ja brutalen neapolitanischen Mann verlassen hatte (und irgendwann hatte sie auch den jungen Goethe als Gast empfangen, erzählten welche, als wäre *das* die größte Leistung ihres Lebens gewesen) und die jetzt in einer Wohnung im riesigen Deym-Haus in der Rotenturmstraße lebte, und die Zuhörer erschraken vor den ungeheuren Synkopen in den Sonaten. Später kam, wieder Sensation, Beethowen mit dem schwarzen

Geiger Bridgetower ins Haus, und sie spielten die neue A-Dur-Sonate, die er später, nachdem er mit Bridgetower gezankt hatte, dem Ignoranten Kreutzer widmete. Als Deym auf der Pragreise starb, war seine junge Frau immer noch schwanger, oder schon wieder, das vermischt sich im Rückblick, und entband ihr viertes Kind Sephine in ihrem ersten Monat als *schöne Witwe Deym*. Da schrieb B. das Lied *An die Hoffnung* und kam, am Ende des Trauerjahrs und nach einem Nervenfieber der schönen Witwe, die mehr noch eine ausgelaugte Mutter war, wieder zum Klavierunterricht, nach Hietzing in das schöne kleine Landhaus, wo nicht Therese ihr Gesellschaft leistete, sondern die jüngste Schwester Charlotte. Die liebe, nicht ganz so musikalische Charlotte, die zu ihr *Pipschen* sagte und den Geschwistern schrieb, was da im Werden sein könnte und was daraus denn werden solle. Der Ruf der Familie macht die liebe kleine Schwester zur Spitzelin. Die treue Familie, ein Spitzelstaat. B. nahm sich damals vor, noch höher hinauszugelangen, und stürzte sich in die Oper *Leonore*, die dann erstmal ziemlich schiefgehen sollte: *Komm, Hoffnung, lass den letzten Stern der Müden nicht erbleichen!* Und gelangte dennoch höher und höher. Aber so hoch kann keiner hinausgelangen, dass er standesgemäß würde, wenn er nicht von Stand ist.

An die Hoffnung schrieb er auch Briefe, überschwängliche Briefe, zahllose, in seinem putzigen, trotz Vielleserei ungelenken Deutsch, halb rührend, halb peinlich. Die Sprache eines Wilden. Er siezte einen Engel. *Lange – Lange – Dauer – möge unsrer Liebe werden – sie ist so edel – so sehr auf wechselseitige Achtung und Freundschaft gegründet – selbst die große Ähnlichkeit in so manchen sachen, im denken und empfinden – o sie laßen mich hoffen, daß ihr Herz lange – für mich schlagen werde – das meinige kann nur – aufhören – für sie zu schlagen – wenn – es gar nicht mehr schlägt – geliebte J ...* So nannte er sie, und später, immer wieder: *Liebe, geliebte, einzige J. Meine einzige Freundin, meine einzige Geliebte. O liebe J. Engel meines Herzens – meines Lebens, mein Alles, meine Glückseeligkeit,* und sogar: *mein Ich.*

Es konnte einer schon zu viel werden. Einmal wollte sie ihm im selben Sinn antworten, aber da verschlangen sich ihr, der Beredten, Belesenen, die Worte beim Ich-Schenken: – *daß Sie den Werth kennen, dessen Besitz ich Ihnen hiemit – des den Besitz des edelsten meines Ich's, daß ich Ihnen hiemit versichre –* Sie schickte den Brief dann doch nicht ab; und begriff bei einem späteren Blick auf den liegengebliebenen Entwurf, dass diese Worte *es ist das, was Sie am meisten adelt* von ihrer Hand ihn ja verhöhnen mussten, den van, der keine Von heiraten durfte.

Aber da war ja auch sein anmaßendes Misstrauen. Seine Eifersucht. Dass sie kokett sei und dergleichen – das ewige *leichtfertig.*

Die Zumutung, einem gehören zu sollen.

Was wollte denn *sie* damals? Wenn sie wollen gedurft hätte. Sie erinnert sich an ein ewiges Schwanken. Hergerissensein, Hingerissensein. Manchmal machte sein stämmiger Körper sie enthousiastisch wie seine Musick. Aber man liebt ja nicht, um einen Mann aus seinem

Kerker zu befreien. Und lässt man ihn raus, dann sperrt er einen ein und wird einem ellenlange moralische Vorträge durch die Gitterstäbe halten; wie es dann Jahre später (freilich von wie viel niedrigerer Stufe aus als B.!) Stackelberg tat, der elende Stachelzwerg.

Wenn aber Leonore selbst im Kerker sitzt, wer soll da noch zu Florestan herabsteigen?

Leonore in der Matratzengruft. Kein Licht, nirgends.

Aber von wegen Kerker und Schiefgehen, sein Schaffen explodierte ja damals. Er war ein Vulkan. Man erschrak vor ihm und liebte ihn mit Angst. Der Vulkan warf kleine, feine Mineralien aus, wie die zweisätzige F-Dur-Sonate, die sie so gern spielte, und gewaltige Brocken, wie die ungeheure Sonate in f-Moll, die sie ebenfalls spielte. Er schrieb die B-Dur-Sinfonie und das G-Dur-Klavierkonzert, ihr liebstes, mit dem kurzen orphischen Mittelsatz, in dem der Sänger die Dämonen besänftigt. Und es hieß, dass *der Zusammenhang von Beethhofens Violinconcert ganz zerrissen scheine.*

Aber so dumm und eitel war sie nicht und ist es jetzt erst recht nicht, dass sie dieses Explodieren und Zerreißen sich selbst zuschriebe. *Hier – ist – ihr – Andante,* schrieb er zu dem hübschen lyrischen Menuett in F-Dur, einem Andante grazioso, das er ihr schickte. Nicht gerade sein bedeutendstes Werk, um ehrlich zu sein. Etwas verstand sie ja nun von Musik. Hatte ja Ohren, und Liebe, oder was es ist, macht vielleicht blind, aber nicht taub oder dumm. Das Liebste an der Widmung waren ihr die Gedankenstriche. Wenn sie B. Briefe schrieb, gingen oft die Gedankenstriche mit ihr durch. Seiten voller Gedankenstriche zuletzt, überquellende Auslassungen. Das Unaussprechliche ist alles, Widmungen nichts. Die f-Moll-Sonate widmete er ihrem Bruder Franz, dem Cellisten, warm und weich damals noch, der ihn als Freund nach Martonvásár einlud – und die Eheschließung, in aller Freundschaft, nach Kräften hintertrieb.

Das Unaussprechliche. Denn noch läppischer, noch törichter als Widmungen sind die Wörtlichkeiten. Und zumal in der Musik! *Jo-se-phiii-ne*, summte Therese einmal das Thema des Menuetts am Klavier mit. Ganz Wien spielte es damals, und Josephine sagte nichts dazu – als wäre Louis so ein Trottel.

Eine Allerweltsfigur, so oder ähnlich überall zu finden. Und doch musste sie, wie gegen ihren Willen und gegen ihre Klugheit, diese Figur immer wieder heraushören aus *seiner* Musik. Sie hörte sie aus Klaviersonaten, aus Liedern, aus dem zerrissenen Violinkonzert. Zu Beginn des dritten Satzes des ruppigen f-Moll-Quartetts aber war ihr, als schriee es sie an: *Jo-se-phi-nè! Jo-se-phi-nè!* Scherzo ma serioso. Die luftgeisterigen Trios, die es darin zweimal versuchten, die griffen ihr ans Herz. Es muss 1814 oder 15 gewesen sein, dass sie das Quartett hörte, bei einer Privatmusik, aber geschrieben hatte er es schon Jahre zuvor – zu der Zeit, als sie, Schnapsidee wie ein Kanarienvogel, der dem Kater in die Krallen springt, Stackelberg heiratete, zu ihrer eigenen Verblüffung, freilich auch, weil sie da schon ein Kind von ihm bekommen hatte, wie sie halt ständig Kinder bekam. Dabei hatte die

schöne Witwe und ausgelaugte Mutter nur einen Erzieher gesucht für die vaterlosen Deym-Kinder, deshalb
war sie zum faltigen Pestalozzi in die Schweiz gereist,
diesem reizenden, auch Therese sehr beeindruckenden
alten Mann, der einen reizenden, beeindruckenden jungen Mitarbeiter hatte, einen Baron, der sich dann allerdings als wahre Pestlotze herausstellte, nachdem sie mit
ihm die Alpen überquert hatte – schneebedeckte Gipfel
voller Gletscher, so erhaben wie tödlich, Heimat ganz
anderer Wesen (monströser Geschöpfe vielleicht gar)
als jene geträumten, ätherischen Höhen, aus denen sie
und ihre Schwester einst herabgestiegen waren und als
deren Bewohnerin sie sich auch später noch oft emp-
fand – als gelegentlich Herabsteigende vom geträumten
Mont Cenis; und selbst jetzt noch empfindet. Bald nach
der winterlichen Alpenüberquerung über den zwei-
tausend Meter hohen Pass des echten, beinah tödlichen
Mont Cenis sagte sie, zuvor in Genf noch schwer krank
gewesen und vielleicht darum umso süchtiger nach dem
Leben, einmal nicht Nein zum gutaussehenden Pesta-
lozzi-Jünger, dem da, sieh eine an, seine niederen Triebe
wichtiger waren als die hehren Principien, der Princi-
pienreiter war nämlich kein Kostverächter. Sie aber –
was soll daran schlimm sein, nicht Nein zu sagen, dem
Tod eben entronnen und angesichts der Erhabenheit
der Berge? Nur dass der Viel- und Hochredner Baron
Stackelberg, von solcher Noblesse auf den ersten Blick
(das Gegenteil eines Wilden Mannes, und wie der zu
reden und zu schreiben wusste), sich als auf unerhabene

Weise tödlich herausstellte: ein Erdrücker, Bespitzler, Erstecher. Er hielt Vorträge übers Staatswesen, statt sich liebevoll der Kinder anzunehmen, die er vielmehr auf dem Bett festband, wenn sie sich im übermütigen Spiel oder vor Wut auf den Dielen wälzten, und quälte auch seine Frau, und sich selbst, und hielt das alles noch für einen Ausweis von Größe. Und betete und lugte dauernd in sich selbst hinein, statt zu arbeiten, und bald nach der Hochzeit hatte er sie, aufgrund ihrer Leichtgläubigkeit und unglücklicher Umstände, ruiniert; und obwohl er bei der ganzen Angelegenheit selbst übers Ohr gehauen worden war, mochte *er als gläubiger Christ*, herrjemine, nicht für sein gutes Recht prozessieren; und nachdem sie das nächste Kind bekommen hatte, verbot sie ihm das Schlafzimmer.

B. aber versuchte, nachdem seine immer fernere Geliebte in die Stackelbergfalle getapst war, auch zu heiraten, wie ihr von Bekannten hinterbracht wurde; eine vollkommene Schnapsidee, die achtzehnjährige Tochter seines Arztes Malfatti, seine Klavierschülerin, für die er, *zur Erinnerung von L. v. Bthvn*, ein Klavierstückchen schrieb, eine in chromatischem Kreisen beginnende Bagatelle in a-Moll, die dann doch noch weit läppischer war als *ihr – Andante* (die Malfatti zeigte ihr die Bagatelle einmal, bevor sie nach Worms zog und eine von Droßdik wurde); anscheinend nur für sich aber schrieb er jenes wilde f-Moll-Quartett, das die Welt, die sich für sowas interessierte, erst Jahre später zu hören bekam.

Damals, als sie zu ihrem Unglück wieder heiratete und

er zu seinem Unglück nicht heiratete (aber hätte er doch, wär es gewiss zum noch viel größeren Unglück gewesen), lag das alles schon einige Jahre zurück: ihr gemeinsames Klavierspielen und der Enthousiasmus ihrer Hände und Seelen und sein Hoffen und ihr Schwanken und sein aufdringliches Werben und ihr Bedrängtsein durch ihn (sagen Sie Ja) und durch ihre Familie (sag Nein) und durch sich selbst (ja, nein, nein, ja ...). Am Ende hatte sie sich nicht mehr finden lassen, ihr Bediensteter musste ihn wieder und wieder abweisen. Sie hatte gute Gründe gehabt, ein *van* ist kein *Von*, und sie, das Wichtigste, musste ihre Mutterschaft retten: *heilige Bande*, denn sie hätte bei einer Heirat den Adelstitel verloren, und mit ihm die Kinder. Nicht Vormund schrieb sie an den Sohn Fritz, sondern Vormünderin: *eure Vormünderin, eure Mutter, Freundin und Gefährtin.* Deshalb Verzicht üben, die Schwächen in Ketten legen, wie in Rousseaus *Neuer Héloïse* – das zerrüttende Dauerfeuer, unter das die Familie sie nahm, Onkel kamen eigens angereist etc., das wäre nicht mal nötig gewesen (und doch hasst sie die Familie dafür von ganzem Herzen, vom ganzen zerrissnen Herzen). Und darüber hinaus, B. selbst kam ihr ja – sie zögerte, das zu denken, aber dachte es doch –, je länger es ging, manchmal wie ein lästiges Wimmerl vor. Noch ehe ich Sie kannte machte ihre Musick mich für Sie enthousiastisch, aber als sie ihn kannte, wusste sie oft nicht mehr, woran sie war. Vielleicht hätte sie die Eifersucht sogar ertragen können, die war ja Leidenschaft. Aber er war schwindelerregend und ernüchternd zugleich. Bald kam er ihr wie ein Luftgeist vor, bald wie ein Wilder Mann. Ein Trampeltier, eine Fee. Und in den Jahren, als sie die schöne Witwe Deym war und ausgelaugte Mutter, war er manchmal eine Nervensäge, ein Allerweltsmann voller Moralismus und voller Pedanterie, die sie anfangs rührten, öfter dann abstießen.

Und doch war natürlich nichts allerwelts an ihm. Wenn sie seine Sonaten spielte. Einige sagten, das könne niemand wie sie (der Langweiler Czerny schon gar nicht).

Vielleicht, wer kann das schon sagen, hätten sie zusammengehört. Nur dass es nicht leicht ist, den Zweck des Zusammenlebens zu erreichen, wenn die Seele für einen schon enthousiastisch war, bevor sie den Menschen kannte, und wenn dann zwei Seelen, fern voneinander und doch einander ganz nah, in Lektüren des *Werther* und der *Neuen Héloïse* versinken – und wenn dann die eine eine Von ist und der andere bloß ein van, dann ist es schon gar nicht leicht, vielleicht unmöglich. Und all das drehte sich damals wieder und wieder in ihrem Kopf, wie jetzt dort das Sterben klappert. Sterben wie Julie d'Étanges in der *Héloïse*, dankbar fürs frühe Verscheiden – edel, aber tot – – – von wegen. Nichts Edles im Tod.

Josephine van Beethoven.

Aber was wäre daraus geworden? Ein Traum, mit ihm einmal, viele Male, immer wieder so eng verbunden gewesen zu sein. Ein ganzes Leben, und nichts gewesen. Ein Traum, eine Chimäre: als ob sie – als ob irgendeine mit ihm hätte verheiratet sein können. Er war kein Luigi oder Louis oder Ludwig, er musste BEETHOVEN sein. Einer wäre es übel ergangen, der Frau oder der Kunst. Oder beiden. Im Zweifel der Frau.

Und zuletzt wieder dieser Gedanke, den sie sich zu verbieten suchte – trotz B.s Güte und seinem großen, großzügigen Herzen selbst da, wo alles von den Dämonen verschüttet war, von seiner Taubheit und Blindheit und fürchterlichen Dummheit: der Gedanke, wie sehr er in manchem Stackelberg glich. Freilich nicht in der Bösartigkeit, aber: die lächerliche hohe Moral. Immer das *Wohl der Menschheit* im Sinn und im Munde, aber verloren im Umgang mit den einzelnen Exemplaren. Sie muss ja geradezu glücklich sein, dass sie nicht Josephine van B. geworden ist. Und er auch, egal wie weh es tut. *Du stirbst aus Eigensinn*, hat Therese ihr geschrieben. *Deine Ansicht tödtet dich.* Antigone, den Tod wählend. Wenn die Freiheit nur der Tod sein kann, dann eben der Tod.

Nur wie einfach das klingt, wie entsetzlich einfach. Als gäbe es vor dem Tod nicht das Sterben.

Besser wäre es anders gewesen. Mann und Frau als Gefährten – wäre das gegangen?

Und so erinnert sie sich an den einen Abend in Prag. Ein schöner Juliabend wars, ihr jüngstes Kind, Theophile, gerade anderthalb, aber die Ehe mit Stackelberg längst zerrissen, auch wenn das Papier, auf dem sie stand, intakt war: da waren sie und B. sich auf der belebten Neuen Allee in die Arme gelaufen. Sie auf dem Sprung

nach Franzensbad und eben aus einem Geschäft her-
ausgetreten, er auf dem Sprung nach Teplitz und gerade
zu einem Besuch bei Karl Varnhagen unterwegs, den er
dann doch nicht machen sollte. Napoleon war in Russland eingefallen, aber in Prag waren die Abende lauschig
und mild. Und an diesem Abend geschah das Wörtliche
zwischen ihnen, das Körperliche, das ihr nun wie das
Geheimnisvollste vorkommt. Nicht weil es mit ihm so
außerordentlich gewesen wäre – mit anderen Männern
war es, um ehrlich zu sein, in mancher Hinsicht außer-
ordentlicher, länger zudem; und doch kam nichts diesem ganz gewöhnlichen Abend an Geheimnis gleich.

Sie sagte nicht Nein zu ihm. Er sagte nicht Nein zu
ihr. Was sollte daran schlimm sein?

Alleinherrscher gegenüber sich selbst. Schrieb sie ins Tagebuch. Und: *niemands Rath benöthigen, frei sich alles seyn, jede
kleinste Überwindung üben. Auf dem Mont Cenis wohne ich u.
steig nur manchmal hinab in die Verhältnisse der Menschen.*

Und dann war sie, am nächsten Tag, doch geflohen
wie vor etwas Fürchterlichem, in Panik geraten vor den
Verhältnissen der Menschen: halb aus Furcht um die
Kinder, halb aus Zagen vor einer Entscheidung. Entschlossen zum Nichtstun. So reiste sie zurück nach
Wien zum bösen Narren Stackelberg, zur vorsorglichen
Nachzeugung, denn sie war ungewiss, ob in ihr, wie es
ständig geschah, wieder was heranwüchse. Ganz ver-
blüfft war Stackelberg, geradezu narrenstolz, wie sie da
entschlossen angekrochen kam und ihn bußfertig her-
annahm. Und als das Kind geboren wurde, neun Monate

nach dem Treffen mit B. in Prag und der bußfertigen Heimkehr zu Stackelberg nach Wien (die nicht lang währen sollte), ihr siebtes Kind in dreizehn Jahren – da war sie noch immer nicht sicher und ist es bis heute nicht. Therese, die kinderlose Therese war ihre *sage femme*, löste das Kind und zog es an, wie die Mutter es ihr sagte, und nährte es mit Ziegenmilch; und zog die Augenbrauen hoch wegen der bedenklichen Rückwärts-bedeutung des Namens Minona – als ob der blinde Narr Stackelberg dergleichen begriffe; und natürlich war ihr, der belesenen Mutter, der *Werther* viel wichtiger, über den sie mit B., dem viellesenden Sänger, so oft gesprochen hatte und dem sie (er ihr Werther, sie also Lotte, welch dürftige Darsteller sie waren) nachgefühlt hatten: *sanftklagende Minona! – Wie verändert seid ihr, meine Freunde, seit den festlichen Tagen auf Selma, da wir buhlten um die Ehre des Gesanges ...* Minona, Tochter Ossians des Sängers – nach deren sanfter Klage die Leser W. und L. einander in die Arme fallen – – – – – schwer tat sich der guther-zige Dominikanermönch mit all den Namen, auf die er das Kind am achten Tag, am Wochenbett der ausgelaug-ten Mutter, taufen sollte: nicht nur Selma und Minona, auch Maria, Theresia, Arria, Cornelia, lauter Lesefrüchte auf die Leibesfrucht gehäuft, überschießende Andeu-tungen, wie um das zerrissene Leben in den Bann des außerweltlich Höheren zu stellen, aus dem sie längst herausgefallen war. – B. aber (ihr alter Freund Zmeskall, von etwas angegriffener Gesundheit schon, berichtete es ihr; nur ihr) dachte damals an *Flucht* oder *Duell* – da kannte er Stackelberg schlecht: als wäre das nötig gewesen, vor dem zu fliehen oder sich mit ihm zu duellieren. Da also, mit der überstürzten Abreise, hatte sie ihren B. zum dritten Mal verleugnet ... Alberner Gedanke! War er denn Christus und sie Petrus? Der Felsen, auf dem die Beethovenkirche gebaut würde. Was für ein Unsinn.

Als sie schon bettlägrig war, diesmal endgültig, kein Wochenbett mehr, sondern das Bett zum Tode, auch wenn sie es noch nicht wusste – da kam Stackelberg, barmherzig, wie er zu sein behauptet *zum Wohl der Menschheit*, noch einmal nach Wien samt der geraubten drei Kinder. Da war Minona Selma etc. pp. nach dem Tod der geheimen Emilie wieder ihr jüngstes Kind und schon sechs Jahre alt, nicht schön, aber stark, ein bisschen Gouvernante und ein bisschen Genie, sagte Therese, und zwar das meiste Genie von allen. Als wollte Therese, die doch die jüngere Schwester nach der, mit mehr oder weniger Erfolg, geheim gehaltenen Emilie-Andrian-Sache auch verurteilt hatte für ihren Eigensinn, ihre Sprunghaftigkeit, unbedingt daran glauben. Sie aber, die Mutter, war immer noch nicht sicher über Minona. Es wird behauptet, eine Mutter müsste das spüren, aber sie spürte – nichts. Und hatte keine Kraft mehr. Es war das letzte Mal, dass sie diese drei Kinder sah.

Ist es nicht gleichgültig, von welchem Vater ein Kind stammt? Es ist ein Kind.

Und es wird behauptet, eine Frau müsste spüren, wen sie liebt. Aber sie weiß nicht, ob und wen sie irgendwann geliebt hat. Viele, und keinen. Was heißt es denn, jemanden lieben. So dumm ist sie nicht, da mit Ja oder Nein zu antworten. So dumm ist sie noch nicht einmal jetzt. Selbst wenn das Sterben dumm macht, das spürt sie schmerzhaft. Sie, die immer klug gewesen ist.

Die letzten Tage und Stunden sind so lang, das Leben so kurz. Die sterbliche Geliebte, nass von kaltem Schweiß. Blumenmuster. Walzer. Die Musik, die Liebe, das Leben verloren. Aufgelöst, aus den Angeln gerissen, zerstört. Sie lacht sich aus. Die Seele spricht nicht mehr. Das Opium macht es leichter. Aber erschafft Monster, sie ist selbst eins geworden. Strähnen, blutige Augen – freie Frau, *Alleinherrscher gegenüber sich selbst*: ihre eigene Sklavin, Monster, das untergehen muss. Engel meines Lebens. Unnütze gute Anwesenheiten im Sterben, nur Luftzüge. Geister sind stumm. Wo sind jetzt alle? Müsste nicht bald wer heimkommen, endlich?

Er aber? Wusste ers denn so genau? Und wusste er, warum alles so gekommen war, und warum nicht? Er war entschlossen, nur wozu war nicht sicher, also hatte er sich zur Ehe entschlossen. Wenn nur sein Wille gereicht hätte für die Wirklichkeit. Das wär vielleicht was geworden.

Aber eine Gefährtin an seiner Seite, das hätte vielleicht kein Unglück werden müssen. Freie Gefährtin eines großen Mannes – aber Gefährten. Einem angehören – aber nicht als Sklavin. In einer Welt, in der das möglich wäre. Wie auf ihren diskreten Spaziergängen im Jahr ohne Sommer, von denen sie niemand ein Sterbenswort erzählt haben und von denen sie kein Sterbenswort aufgeschrieben hat und von denen er schweigen wird für immer; wie über alles.

1816

Ich hörte, schrieb die schmerzlich ergriffene Fanny im
September in Wien in ihr Tagebuch, *mit der gespanntes-
ten Aufmerksamkeit in einiger Entfernung zu,* und versuchte,
bereits mitten im Schreibfluss, sich der exakten Worte zu
entsinnen, die sie vor einigen Wochen im ziemlich verregneten Sommer in Baden im Gespräch zwischen ihrem
häufigen Gast Beethoven und dem Vater Giannatastasio
del Rio, Direktor des Erziehungsinstituts, welches der
zehnjährige Neffe des Komponisten besuchte, mitgehört
hatte, *und erfuhr, was mich in's innerste der Seele erschütterte,*
auch wenn sie über den genauen Wortlaut nicht mehr
ganz sicher war, *eine lang gehabte Ahnung bestätigt, er liebe
unglücklich! Seit 5 Jahren hatte er eine Person kennen gelernt,
mit welcher sich näher zu verbinden, er für das höchste Glück
seines Lebens gehalten hätte. Es sei nicht daran zu denken, fast
Unmöglichkeit, eine Chimäre. Dennoch ist es jetzt wie den ers-*

*ten Tag. Ich hab's noch nicht aus dem Gemüth bringen können,
waren die Worte welche mich schmerzlich ergriffen,* waren die
Worte, welche sie schmerzlich ergriffen.

1825 — 1843 — 1890

Das Weltall. Unendliche Weiten. Das kräftige Mädchen schaute zum Himmel hinauf, hinter dem Blau fängt die Welt erst an, dachte sie, die Sterne sind bei Tage unsichtbar – großes Geheimnis. Aber den Wind in den Haaren spürt man und im Gesicht, diesen herrlichen Wind. Und sieht die Weiden, die ihre Blätter übers Wasser hängen lassen wie ein Mädchen auf den Knien, das sich die Haare wäscht. Und die Birken überall, in diesem Land voller Birken. Die Birken schienen ihr die schönsten aller Bäume. Birkenwälder und Moore, durch die sie stundenlang ging, wenn daheim, im Schloss, niemand nach ihr fragte. Immer darauf gefasst, einen Braunbär oder einen Elch zu treffen, einen Wolf oder wenigstens einen Luchs. Was sie stattdessen sah, waren bläulich schimmernde Libellen, die ihr vorkamen wie die blauen Tonarten. Welche, darin schwankte sie, sie war ja nun auch erst zwölf: War A-Dur blau oder eher grün, oder glichen die Libellen dem mondfahlen Blau des E oder gar dem grellen Fis-Blau? Wenn sie Klavier spielte, dann wusste sie es. Jetzt aber lauschte sie wieder aufs Zirpen, Tschiepen, Quaken, Schnarren. Geräusche überall, die die Stille der Birken noch vertiefen. Manchmal ging sie durchs Heidekraut. Manchmal gelangte sie sogar ans Meer, dort weht der Wind am stärksten. Im Mai sah sie zu den Zugvögeln hoch, die in den Norden ziehen, sie wissen sich den Wind dienstbar zu machen.

Das Mädchen war stärker als alle seine älteren Geschwister, von denen zwei bereits gestorben waren: robust, fast bäuerlich, mit einer Kugelstirn und stechenden schwarzen Augen. Von einer, für ihren Stand, ungehörig dunklen Gesichtsfarbe. Wenn sie aufs Wasser eines Sees blickte, auf dessen sanften Wellen ein paar Blätterschiffchen schaukelten, und durchs Wasser bis auf den dunklen Grund hinabzusehen versuchte, dann fiel ihr ein, sie käme von dort. Irgendeine Melusine. Spanierin, nannten manche sie wegen ihrer dunklen Haut und der schwarzen Augen ... Schwarzspanierin. Und wenn einer sie fragte, wie sie heiße, nannte sie ihren merkwürdigen Namen.

Ein ausgerissenes Bauernmädchen, dem sie einmal begegnet war, hatte ebensolche Augen gehabt und war von einer ähnlichen Gesichtsfarbe gewesen, überhaupt ähnlich, hatten sie, wohl beide, empfunden und einige Stunden miteinander umherziehend verbracht. Das andere Mädchen war natürlich wegen der harten

Arbeit im Freien so dunkel gewesen. Erdkrumen unter den Fingernägeln. Die Bauern, bei denen sie lebte, waren nicht ihre Eltern, sie hatte schon bei einigen Familien gelebt und war auf diese Weise fürchterlich weit herumgekommen, aber es war überall gleich, und bisweilen, erzählte sie, riss sie aus. Die beiden Mädchen wären gern für immer zusammengeblieben. Als es Abend wurde, trennten sie sich und sahen sich nie wieder.

Entfernte Mütter, unklare Väter. Über ihre Mutter hatte das Mädchen schon Sachen sagen hören, die man nicht sagt. Nun war ihre Mutter ja längst tot. Sie aber ging durchs unendlich weite Land. Dieses Land war selbst ein Weltall.

Jahre später war das Mädchen eine junge Frau und noch immer unterwegs. Nun aber hoch zu Pferde, auf dem Rappen Ariman, in gebirgigeren Wäldern, und die unendlichen Weiten lagen nicht mehr im Norden am Meer, sondern irgendwo in Ungarn. Sie war gerade dreißig, und alle ihre Geschwister waren gestorben, außer dem ältesten Bruder. Eine Schwester hatte sie bis zum Ende gepflegt, und auch ihre sterbende Tante Charlotte. Sie aber war stärker denn je. Mit einer lieben Kusine hatte sie die Bibliothek ihres verwitweten Onkels geordnet. Und ritt durch Wälder und Weiten. Noch immer den Wind in ihren Haaren und in ihrem Gesicht, nun eben der ungarische, das ist dem Wind doch gleich. Und doch war es nicht mehr der einfache, reine Wind, wie früher. Nun fielen ihr im Wind manchmal, obwohl sie kräftig und gesund war, aber kein Wunder bei so viel

Tod um eine herum, Psalmworte ein, die sich den Wind dienstbar machen: *Wenn der Wind darüber geht, so ist sie nimmer da, und ihre Stätte kennet sie nicht mehr.* Und manchmal sah sie Zigeuner, die kamen ihr sonderbar verwandt vor, vielleicht nur wegen der schwarzen, spanischen Augen; und gab ihnen gern etwas Geld.

Und war noch immer unterwegs, als bald, wie im Fluge, noch ein halbes Jahrhundert vergangen war. Nun ging sie wieder zu Fuß herum. Der Föhn wehte durch die Habsburgergasse, wie Freiheit fühlt der sich nicht an. Sie trug jetzt eine Haube, eingefallen das Fleisch über den breiten Wangenknochen. Ihr ungehörig langes Leben, das doch ohne Spur bleiben wird. Niemand schien mehr zu leben, obwohl die Stadt, in der sie sich jetzt befand, gewaltiger war denn je, Millionen Menschen, hieß es, und aus den Vorstädten fuhren die Dampftramways hinaus. Die Welt fühlte sich bedrohlich an, und sie, eine alte Frau, obwohl ihre Kraft nur langsam abnahm, hatte sich für ihren Grabstein bereits den Psalm 103, Vers 16 ausgesucht. Doch nicht nur bedrohlich, auch schön war die Welt. Die Menschen, die sie sah. Sie wusste natürlich, vom Alter aus betrachtet ist jeder junge Mensch schön. Sie hatte nie geheiratet. Dafür immer wieder alte und zu junge, dennoch sterbende Menschen gepflegt. Und ihr war, als wäre sie immer unterwegs gewesen, zu Fuß und zu Pferd, durch endlose Wälder. Sie erinnerte sich ans Reiten auf dem Rappen Ariman als bald nicht mehr junge Frau in Siebenbürgen und an ein ausgerissenes Mädchen, das sie als Kind einmal in den Birkenwäldern in Livland getroffen hatte. Das Mädchen würde auch längst tot sein; oder, wer weiß, eine glückliche Groß-mutter irgendwo. Aber das war unwahrscheinlich.

Nimmer da. Ihr kurzes langes Leben kam ihr wie ein Haus voller kleiner Kammern vor, die jetzt verschlossen waren und die niemand jemals wieder öffnen würde, wenn sie das Haus erst verlassen hätte; aber sie wusste noch, was in den Kammern lag, zumindest in einigen. Wie sie Klavier gespielt hatte, etwa. Ihre Tante Therese, die jetzt auch schon lange tot war, wie alle, hatte sie, damals schon vierzig, noch zu einer Karriere als Pianis-tin überreden wollen. Therese war, aus irgendwelchen Gründen, überzeugt vom Genius, der in ihrer zu einer alten Jungfer werdenden Nichte – der letzten Über-lebenden von vielen Geschwistern – stecke; aber als sanfte Pädagogin hatte sie wieder abgelassen von dem Wunsch, den die Nichte nicht teilte.

Einige Klavierstücke hatte sie komponiert, Ecossaises und dergleichen, und wusste selbst, dass es Harmlosig-keiten waren. Und eigentlich gar nicht recht tänze-risch, sondern stapften eher munter voran. Aber das Wichtigere war, dass sie, was nun wegen der gichtigen Finger nicht mehr ging, so viel Klavier gespielt hatte: auch Beethoven, den ihre seit siebzig Jahren tote Mutter und ihre Tanten als junge Frauen, unvorstellbar, aber so wurde es erzählt, noch persönlich gekannt hätten. Sie hatte die Sonate Opus 110 gut spielen können, Gesang und Seufzer und *Es ist vollbracht.* As-Dur, ins Violett spielende Tonart. Aber natürlich hatte sie auch vieles andere gespielt. Schubert und noch manches; nur das ridiküle *Gebet einer Jungfrau*, das eine Zeitlang alle Welt spielte, hatte sie damals sogleich beiseitegelegt. Was ihr dieses Klavierspielen bedeutet hatte. Unendliche Weiten: ihr Klavier.

1825

Beethoven atmete.

Tief sog er die Waldluft ein. Aber sie war ihm unange-
nehm, *uncomfortable*, ziemlich kalt auf der Brust, feucht,
überhaupt schattig hier, es war ja auch schon weit im
September, also knöpfte er sich den Rock zu, bis an
den gertenschlanken Hals, so dass ihm das schnei-
dige Kleidungsstück beinah den Atem abschnitt (auch
uncomfortable, aber gut sah das aus!). Da stand er nun
im Farn und lauschte. Irgendwo in seinem Rücken die
Stimmen von Spaziergängern, Wanderern, und unters
Singen der Vögel gemischt das helle Lachen einer Frau.
Spätsommerlachen. Dazwischen ein Specht. Das Atmen
des Onkels aber hörte er nicht, und auch nicht dessen
Schritte. Der Onkel, der sich Vater nannte (oder genannt
hatte – Karl van Beethoven aber dachte immer und
hatte immer gedacht: *Onkel*), der war ihm nämlich, wie

so oft, ein gutes Stück vorausgegangen, immer schneller, und hatte sich, wie der Neffe Karl gerade noch von fern gesehen hatte, plötzlich vom Weg ab und ins Gebüsch geschlagen, wie er es, im Grunde fatal bei derartiger Kurzsichtigkeit, gern tat, diesmal aber wohl, weil er auf dem Weg per Lorgnette wieder mal einen unliebsamen Bekannten erspäht hatte. Vermutete zumindest der Neffe, als er kurz darauf seinerseits diesen Bekannten sah, einen jener heranwanzenden ach so musikalischen Sommerfrischler, die dem Meister ihre allerhöchste Bewunderung und dies noch zu sagen und jenes, bla bla bla ... der Meister also rechtzeitig ab in die Büsche, in den Farn, und der Meisterneffe hinterher, aber zu spät, er hatte ihn schon aus den, viel schärferen, Augen verloren. Zweige knackten unter seinen Füßen, Farnstängel brachen. Unheimliche Pflanzen seien das, wie von einem anderen Planeten, hatte über den Farn ein liebes seidenhaariges Mädchen gesagt, mit dem er in den Praterauen gegangen war (war das schön gewesen – nicht die Auen, sondern mit dem Mädchen): einem Planeten, so das Mädchen, wo Riesen lebten, oder gewaltige Tiere.

Als ob. Für ihn waren das einfach Pflanzen.

Was hieß Farn auf Englisch? Er dachte sich *farn* englisch ausgesprochen. *Farn away. Farn away from Vienna.*

Höchstens, dass die Blätter ihn ans Geschmeide um den schlanken Hals einer Frau erinnerten ...

Er stapfte bachaufwärts. Ob er hinüberhupfen sollte? Lieber nicht. Hoffentlich war der Onkel nicht hinüber.

Der wär bestimmt hineingepatscht, der alte Rumpelfüß-
ler mit den schlechten Augen, und nasse Füße bei seiner
ohnehin angegriffenen Gesundheit, Gott bewahre. Die
Sauberkeit war eh schon hinüber gewesen, bereits als
sie noch zusammen gegangen waren, war ja die gelbe
Hose des Onkels verschmutzt gewesen. Überhaupt ganz
unsachgemäß für so einen Naturfex schien die Beklei-
dung des Onkels im Wald dem Neffen, wenn er sonn-
tags auf Besuch herauskam nach Baden als Schreiberling
und Kurier und Postbote (diesmal unter anderem mit
einem Brief des Darmstädter Geigers und Komponisten Louis Schlösser, den der Onkel vor einigen Jahren
empfangen und unterstützt und, auch an Cherubini in
Paris, empfohlen hatte), darüber hinaus auch als Wein-
besorger beim Essen und manchmal eben auch Spazier-
gangs-Trabant des Onkels. Mit schneeweißem Halstuch,
Doppellorgnette um den Hals baumelnd, Spazierstock
und Kompass, aber ohne Hut brach er morgens vom
Häuslein, der Eremitage des kleinen Schlosses Guten-
brunn, zu seinen Waldgängen auf, zu diesem fanatischen Spazieren. Summend, brummend, die Rock-
taschen vollgestopft mit Notizbüchern, und manchmal
setzte er sich summend und brummend auf irgendwelche Wiesen, peinlich war das Karl. Wie dieser scheuß-
lich verstimmte englische Flügel mit dem Trichter
obendrauf, den der Onkel von Wien nach Baden hatte
bringen lassen, wozu auch immer. Die Eremitage lag
günstig, ein hölzerner Reitcircus vor dem Haus, mit den
Pferden kam der Onkel besser zurecht als mit den Nach-

barn, mit denen er sich zertragen hatte, nichts Neues. Ebenso wenig, dass er ständig spazierte in Baden, wenn er nicht gerade badete (wegen der Unterleibsschmerzen und der Gicht, und vor einigen Wochen war er ziemlich krank gewesen und hatte Blut gehustet), und wiederum ständig badete, wenn er nicht gerade spazierte. Und trank, obwohl er das nicht sollte laut Doktor Braunhofer, weder Wein noch Kaffee ... und irgendwie auch komponierte (wenn er doch nochmal eine Oper schriebe, das wäre klug, vorteilhaft für Finanzen und Unsterblichkeit, auch Onkel Johann hatte das öfter gesagt, und alle) ... *nachts* wohl komponierte, in durchwachten, durchmachten Nächten, ungesund ... wenn er nicht gerade die Briefe schrieb, vollgestopft mit Aufträgen und Ermahnungen, mit denen er den Neffen in Wien überflutete ... im Wald aber flogen ihm wohl die Einfälle zu wie die Schmetterlinge, die von Kindern gefangen und aufgespießt werden, zum Ärger des Onkels. Nur im Wald könne man wahrhaft atmen, sagte er, in Gärten nicht, allein im Wald – und schniefte laut vor, wie die Primarii der Wiener Quartette, nur länger und tiefer ... als ob der achtzehnjährige Beethoven nicht wüsste, was Atmen bedeutete!

Als ob. Man nur im Wald wirklich atmen könnte und nicht auch in geschlossenen Räumen, und um wie vieles besser sogar: den herrlichen Rauch einatmen, die Gespräche, das Leben. Der Ausgang des Menschen aus seiner selbstverschuldeten Unlustigkeit. Und den Duft der Frauen einatmen! Der herrlichen Frauen! Frauen-

155

zimmerduft wollte er, keine Waldluft. Freilich, bei
Frauenzimmern und vor allem bei verrauchten Spielen
konnte man auch Schulden machen, leider, leider. In
seinerseits durchwachten, durchmachten Nächten, die
wie ein Rausch waren, mit bösen Folgen, im Kopf und
in der Börse. Aber der unlustige Wald ging ihm mächtig
auf die Nerven. Wenn schon ins Grüne, dann in einer
lustigen Gesellschaft. Und wenn ab vom Wege, dann mit
einer jungen schwarzhaarigen Frau, nicht mit einem
alten weißen Mann.

Der *Wilde Mann* aber war in der Kärnthner Straße.
Dort hatten letzte Woche die Schuppanzigh-Leute,
an der zweiten Geige Carl Holz, dem Pariser Verleger
Schlesinger das neue a-Moll-Quartett vorgespielt. Nicht
öffentlich, sondern in Schlesingers Zimmer, zwischen
Tisch und Bett, damit der Verleger Schlesinger eine Vorstellung bekäme, die er sich lesend nicht recht machen
konnte. Und auch, damit im Herbst, bei der öffentlichen
Aufführung dann, alles ganz fest säße. Denn beim letzten
Quartett, Es-Dur im März, war die Sache haarsträubend
schiefgegangen, und genau genommen hatte es Schuppanzigh vergeigt, der zuvor dem zweifelnden Komponisten vollmundig gesagt hatte, das Publikum bestehe
aus lächerlichen Eseln, *scheiß Er sie voll* (Schuppanzighs
ewiges Erzen); vielleicht aber hatte auch, noch genauer
genommen, der Onkel etwas merkwürdig komponiert.
Wie auch immer, bei a-Moll mit lauter kundigen Menschen zwischen Schlesingers Tisch und Bett wars besser
gegangen, und Karl fand das alles schön, ganz schön.

Vor allem den zweiten Satz, aber bei wiederholtem Hören auch den langsamen dritten, der allerdings sehr lang war, und merkwürdige Töne drin. Die *Dankhimne*. Haslinger, der Wiener Verleger, hatte sich hinter den Ohren gekratzt. Einige Zuhörer jedoch hatten feuchte Augen bekommen bei diesem seltsamen, altertümlichen Gesang – der Tuchhändler Wolfmayer, natürlich, die feuchtesten. Der heulte immer. Lachtränen bei allen Anwesenden dann, als anschließend Schuppanzigh, mit dem ihm eigenen Humor und nicht ohne beigefügte sarkastische Bemerkungen, zum Besten gab, dass er Bethoven einmal unbemerkt beobachtet habe, wie dieser mit seinem Stiefelknecht mehrmals gegen die Wand schlug und dieselbe abhorchte, wohl um einer erhofften Gehörauflockerung willen; beim Eintreten habe er, Schuppanzigh, sich gestellt, als hätte er nichts mitbekommen. Nur Wolfmayer fand diese Erzählung, die doch alles andere als böse gemeint war, nicht komisch. Und natürlich war dieser Johann Nepomuk Wolfmayer auch bei der zweiten Voraufführung zwei Tage später dabei gewesen, wieder in einem *Wilden Mann*, diesmal dem im Prater und mit dem eigens aus Baden angereisten Onkel dabei, der schließlich so guter Dinge war, dass er sich danach sogar ans Klavier setzte und phantasierte, unter den verliebten Blicken irgendeiner anwesenden Sängerin, egal wie das taube Phantasieren genau genommen klang.

Karl war auch deshalb jetzt, eine Woche später, nach Baden gekommen, um dem Onkel endlich von dem

Gespräch zu erzählen, das er zwischen Tisch und Bett mit dem Verleger Maurice Schlesinger geführt hatte, und von dem Vorschlag, den Schlesinger ihm gemacht hatte. Denn wer weiß, wohin er, Karl, bald zöge und ob er bei der öffentlichen Aufführung des Quartetts im Herbst überhaupt noch da wäre. Die Idee, weg zu gehen – ganz weit weg … Der Onkel aber würde, wenn in einigen Wochen der Sommer endgültig vorüber war, wieder nach Wien zurückziehen in die neue Wohnung im Schwarzspanierhaus, die man besichtigt hatte und für vornehm befunden und *comfortable*, mit diesem herrlichen freien Blick übers Alservorstädter Glacis zum Schottentor und auf die innere Stadt bis zu den hohen Bäumen im Prater, und in diesem, endlich einmal standesgemäßen, Haus würde er vielleicht, wer weiß, einmal für längere Zeit leben bleiben als in den letzten Jahren mit den ewigen Umzügen.

Einmal blieb Karl stehen, um zu verschnaufen. Neben ihm der leise gluckernde Bachlauf. Kein Kuckuck, keine Wachtel, schon gar keine Nachtigall. Stattdessen ein Specht. Tock tock tock, in einem fort.

Später würde sich der Onkel (vorausgesetzt, sie fanden sich wieder) bei ihm unterhaken, wie immer, mit Wärme und Zuneigung, und dann hatte auch er ihn wieder lieb, wie immer … aber ja, er liebte ihn ja auch (und konnte ihn mit wenigen lieben Worten immer wieder um den Finger wickeln) – und dann würden sie am Ende irgendwo einkehren, leider nicht in *Monster Tea Gardens*, aber in ein hübsches Gartenlokal immerhin oder den

Schwarzen Bock oder *Schobers Weinhandlung* und sich da hineinsetzen und lange sitzenbleiben. Denn so sehr der Onkel im Wald auch vom frischen klaren Quellwasser schwärmte, Wein trank er doch lieber. Und da würden sie dann Bekannte treffen, die dem Onkel willkommener waren als die Begegnungen im Wald, und es würde eine lustige Runde werden, wenn auch ohne Frauen leider, außer dieser schönen Bedienung im *Schwarzen Bock*, die einen Busen von ausgesuchtem Format hatte, in den nicht mit der Nase sich hineinwühlen zu wollen eine Sünde wär. Und die Konversation war freilich auch mühsam, wegen der weitgehenden Taubheit, man musste, wenn man ihm nicht ins linke Ohr (das immer noch ein klein wenig besser funktionierte als das ganz tote rechte) brüllen wollte oder konnte, alles aufschreiben, und am ungeduldigsten wurde, durchaus verständlich, der wartende Taube selbst, der dann den Hals verrenkte, um auf den schreibenden Bleistift zu schielen, oder er riss einem das Papier noch im Schreiben aus der Hand und antwortete, sobald er begriff, worauf das Geschreibsel hinauswollte.

Die meiste Zeit freilich redete er sowieso selbst, schon der Bequemlichkeit halber, auch verständlich.

Manchmal aber, wenn es um die Politik und den Staat ging, wisperte er plötzlich: *Silentium! Die Stöcke haben Ohren!* Und Karl war, als spitzte da und dort an anderen Tischen wer die Ohren. Manchmal waren die Spione auch gar nicht zu übersehen. Dann benutzte man die Notizbücher.

Ungeduldig aber war *er* ja genauso. Und trinklustig
auch, oder trinktraurig. Trinklusttraurig und ungeduldig, Beethoven *the younger.* Nur durfte *ers* nicht so
hinauslassen. *The old one* aber ließ es hinaus und derart dann manchmal eine lustige, gesellige Runde in
einer Katastrophe enden, in einem Vulkanausbruch,
wie letztes Jahr ein paar Tage nach der Uraufführung
der großen Sinfonie mit Chören, als es zu einem *éclat*
im Praterrestaurant gekommen war, weil sich die ganze
Sache nicht gerechnet hatte wie kalkuliert und der
Alte darum den Sekretär Schindler als Betrüger ver-
dächtigte und vom Tisch verscheuchte, zumal er ihm
ohnedies immer widerwärtig gewesen war – oft hatte
er ihn zur Schnecke gemacht und ihn einmal *den ver-
achtungswürdigen Gegenstand* genannt, da hatte er Karl
doch leidgetan, ein Mensch ist doch kein Gegenstand,
auch ein widerwärtiger nicht. Oder doch? Ein Stock
mit Ohren. Stöcke haben Ohren hier. Es knackte beim
Gehen. Schindler ließ sich alles gefallen, sogar dass man
ihn anpfiff wegen einer heimlich gegessenen Semmel.
Dabei immer diese Beflissenheit: der Eifer, den Meister
verstehen und besser fassen zu wollen. Und ganz ehrlich, ohne Schindler hätte es bei der großen Akademie
nicht mal Notenpulte gegeben für die Musiker und den
Chor. Sollte der Onkel lieber froh sein, dass er das alles
nicht selber hatte durchrechnen müssen, seine Mathematik war miserabel (die Probleme des Neffen nichts
dagegen, er hatte dem Onkel ja sogar einmal Nachhilfe
im kleinen Einmaleins gegeben), dazu die Kurzsichtig-

keit, er verwechselte Zehn- und Zwanzigguldenscheine, so blind war er … Auch bei der Wiederholung der Akademie, zwei Wochen nach der ersten, diesmal im halligen Redoutensaal statt im trocknen Kärnthnerthortheater, wärs besser gelaufen, wenn Schindler noch dabei gewesen wäre und sich um alles gekümmert hätte. Denn da wars halbleer, weil alle schon auf dem Land waren, und peinlich und beschämend überdies, weil der Impresario des Redoutensaals ihnen noch degoutant einen italienischen Tenor reingedrückt hatte, der Rossinis *Di tanti polpiti* trällerte. Zwischen *Kyrie* und Sinfonie, man muss sich vorstellen! Beethovens Plan, Czerny das Es-Dur-Konzert spielen zu lassen, hatte sich nämlich zerschlagen, weil Czerny die Hosen voll gehabt hatte, er hatte seit vierzehn Jahren kein Konzert mehr gegeben, sondern nur mehr unterrichtet … Zu diesem Zeitpunkt war Schindler natürlich längst wieder herangekrochen gekommen, aber so nah wie früher schaffte er's nicht mehr, da war jetzt Holz …

Die Schindler-Vertreibung im Prater hatte Karl übrigens gar nicht selbst miterlebt, weil er sich als erster verabschiedet hatte aus dieser Runde von lauter älteren Männern, es wurde da Rotwein getrunken, und der gefräßige Schuppanzigh lobte Beethovens neuen Haarschnitt (der Onkel war morgens vor der neunten Sinfonie noch extra zum Friseur gegangen). Karl bekam das alles nur erzählt: Als Schindler zum Sündenbock gemacht und verscheucht wurde, folgte ihm, aus Mitgefühl mit dem ungerecht Behandelten, der Kapellmeister Umlauff, der bei der Akademie mitdirigiert hatte, damit das Orchester nicht so spielte, wie der taube Komponist dirigierte, und gleich darauf auch Schuppanzigh, der Konzertmeister gewesen war; so dass Beethoven am Ende, zwei Tage nach der Uraufführung der neunten Sinfonie, allein im Lokal saß. Die Vorstellung brach dem Neffen das Herz. *Alle* sich aus diesem Bund gestohlen. Aber vielleicht hatte sich ja noch irgendein Trinkbruder zu ihm gesetzt, wer wusste das schon ... Denn wie aufbrausend auch immer, der Onkel war doch im Grunde ein geselliges Wesen.

Die Menschen aber wagten es, ihn zu hintergehen! Schindler vielleicht noch am wenigsten. Der Chor hatte sich in der Ode, weil der Komponist nicht nachgeben wollte, heimlich Erleichterungen gemacht, er würde die ja ohnehin nicht hören.

Und er. Karl. Hinterging.

Schade, dass die beiden jungen, treuherzigen Sängerinnen des Chorfinales nicht dabei gewesen waren im Prater, die Unger und die Sontag. Die waren einmal zur Vorbesprechung bei ihnen zuhause gewesen, und der Onkel hatte sie, ohne böse Absichten, mit billigem Wein sturzbetrunken gemacht, so dass die Sontag ihren abendlichen Auftritt in einer italienischen Oper verpasste. Wären doch ein paar Frauen dabei gewesen beim Freudetrinken im Prater. Dann wärs friedlicher und lustiger abgegangen trotz der finanziellen Enttäuschung; und er, Karl, hätte bestimmt nicht vorzeitig das Weite gesucht.

Ein paar Tage später, mitten in den chaotisch verlaufenden Planungen für die Wiederholung der Akademie, hatten Onkel und Neffe zur Zerstreuung Madame Simonellis Wander-Menagerie besucht und sich da eine Löwin angesehen, einen weißen Fuchs und, am eindrucksvollsten, ein geheimnisvolles Tier, das eben erst entdeckt war: mit kurzem, dickem Leib und niederen Beinen, die Zehen an den Riesenfüßen mit ungeheuren Sichelkrallen und die stumpfe Schnauze mit weit vorstreckbaren Lippen und langer zottiger Mähne. Es wurde hier *das namenlose Thier* genannt. Ein behinderter Bär, dachte Karl. Und dachte auch, diese namenlosen Thiere werden eher noch Brüder werden als die Menschheit.

Den Onkel heiterte der Besuch in der Menagerie auf.

Im Wald aber war er, wie im Zorn, nicht gesellig, sondern eine Art rasender Eremit. So versuchte der Neffe ihm jetzt zu folgen gleich einem Spion oder einem Indianer, der auf Skalpe aus war, nur dass er leider die verfolgte Spur längst verloren hatte … tock tock, der Specht … und dann sank er am Bachlauf ein, noch ehe er den Schluck Wasser genommen hatte wie beabsichtigt, nachdem er trotz der kühlen Schattigkeit durstig geworden war, und fluchte so laut, dass er selbst erschrak, und hatte von da ab einen nassen Fuß, und mit dem nassen Fuß und weiterhin durstig plötzlich wieder der ganze Groll: Groll, weil der Onkel ihm schon früher hatte nachspionieren lassen, ob er nicht heimlich seine Mutter träfe, die der Onkel von Herzen hasste, und zugleich Groll gegen diese liederliche Mutter, die ein Sohn nicht sehen darf, weil sie ein schlechter Einfluss ist – kaum war sein Vater tot gewesen, hatten Onkel und Mutter sich bekriegt, das Kind aber aß nicht und sprach nicht und traf sich lange heimlich mit der Mutter, die sogar als Mann verkleidet zum Kind auf den Schulhof kam (wie Fidelio zu Florestan), bis alles aufflog und es knallte; und floh auch einmal, das Kind, zu ihr, der Liederlichen, Verschwenderin, Betrügerin, ja sie habe vielleicht sogar eigenhändig ihren Mann, den sie ja auch vor Jahren einmal bestohlen hatte, seinen Vater also, *vergiftet*, hatte ihm gegenüber jemand behauptet ... floh zu diesem schlechten Einfluss – der Mutter, und wurde von der Polizei zurückgebracht zu seinem Onkel, dieser *wahren* Leonore und Retterin vor dem schlechten Einflusse ... so wie auch seine Freunde ein schlechter Einfluss waren, die der Onkel nicht mochte (letzten Sommer hatte er einen mit heraus gebracht, den der Onkel lästig und unanständig fand), und seine Freundinnen hätte er schon gar nicht gemocht, wenn er sie denn gekannt hätte ... und Groll auch gegen Carl Holz, diesen lächerlichen Kassaoffizier und Geiger des Schuppanzigh-Quartetts und neuesten Trinkgenossen des Onkels, den der selbige außer auf sein neues Streichquartett neuerdings auch auf den Neffen angesetzt hatte, um dessen verdächtigen Lebenswandel zu überwachen. Er hatte es sofort bemerkt, war doch nicht blöd. So wie er früher Czerny auf ihn angesetzt hatte, aber da war es um etwas anderes gegangen: dass der Neffe ein Sohn werden möge, das heißt ein Künstler. Dass er nicht gewöhnlich werden dürfe. *Nicht so vieles mögte ich aufgewendet haben, um der Welt einen gewöhnlichen Menschen zu erziehen.*

Und wenn einer nun gewöhnlich sein will? Ist das Gewöhnlichsein auch ein verdächtiger Lebenswandel?

Tock tock tock

Und mit dem Groll die Liebe. Aber ja, Liebe. Eine Mischung aus Liebe und Groll, die machte ihn ganz irr. Schwindelempfindung. Dann dachte er wieder an einige Spielschulden, die er jüngst ohne nachzudenken gemacht hatte, die machten ihn auch schwindlig. Sich verschuldende Lustigkeit. Und die Schulden verstärkten wiederum den Groll. Mit einem trockenen, einem nassen Fuß eilte er weiter, keine Ahnung, ob in die richtige Richtung. Musste einmal über einen halbzusammengefallenen Zaun aus Ästen voller Moos klettern, der ging hier sinnlos quer durchs Gehölz und über den Bach, ein großer Splitter stand schief heraus, als wollte er was sagen.

Es war Karl dabei zumute, als wäre er nicht allein im Wald. Das war er *natürlich* nicht, irgendwo musste der davongepeste Onkel ja stecken, und die Wege und Pfade und Lichtungen ringsum waren voll von herumspazierenden Sommerfrischlern und Musikliebhabern (denn wer liebt hier nicht die Musik). Aber als wäre er auch hier nicht allein, in eben diesem Moment auf eben diesem Fleckchen Erde im Unterholz. Nicht bloß all das Getier und lästige Spinnennetze und das ganze Gekrabbel und Gesteche und dieser dämliche Specht mit seinem Tocktock, sondern etwas Menschliches. Nur, der Holz würde ihn wohl nicht im Spitzelüberschwang sogar hier beobachten? Er mochte übrigens den Holz, mit dem er neulich einen lustigen Abend am Billardtisch verbracht hatte und der gar nicht feindselig schien, eigentlich ganz gern, trotz seiner durchsichtigen Schmeicheleien, schon weil er den widerwärtigen Schindler, zumindest ein wenig, verdrängt hatte, dieses Unterholz, den Stock mit Ohren, der dem Neffen Böses wollte. Die nicklige Hopfenstange. Selbst wenn sie Karl, doch, ein wenig leid tat … kein Mensch ist ein Gegenstand, jawohl … aber hier im Wald würde der Spion Holz sich ja wohl nicht herumtreiben. Er kam doch schon zu jedem Mittagessen zu Gast neuerdings, *jährlich 365 mahl zu Mittag eingeladen*, wie Karl dem Onkel ins Heft geschrieben hatte. Und er kam ja wohl kaum, weil er so gern Fisch aß.

Überhaupt, das schöne Billardspielen. Lieber Billard als Spazierengehen. Die Kugeln machen einem keine Vorhaltungen. Folgen einfach den Stoßgesetzen. Irgendwie den Planeten ähnlich, und zugleich auch wieder nicht. Beruhigende Ordnung der Kugeln.

Manchmal erblickte Karl, zwischen den Bäumen oder auch nachts in seinem Bett, die Umrisse einer Frau. Natürlich, welcher Mann täte das nicht – aber nicht die Umrisse irgendeiner Frau. Er achtete gar nicht auf ihre Hüfte und ihren Busen. Zuerst hatte er gedacht, er bildete sich seine verlorene Mutter ein, aber die war ja kerngesund irgendwo mit drallem Busen und neuem Kind – dem Ersatzkind (das sie Ludovika genannt hatte, ausgerechnet, sie war wohl doch verrückt ... nach all den Feindseligkeiten!). Nein, es war eine andere Frau, eine gute andere Frau, die er, das ersetzte Kind, das kein Kind mehr war, auch nicht wirklich erblickte, sondern eher zu erblicken meinte oder spürte – vielleicht ja die heilige Jungfrau, auch wenn er nicht so arg dran glaubte, weil er nicht religiös musikalisch war, wie er überhaupt nicht arg musikalisch war (aber auch nicht *ganz* unmusikalisch!), und eine Jungfrau war überhaupt etwas arg Fades, lustiger sind allemal die Nichtjungfrauen. Und was das Musikalische anging, da hatte seine Mutter behauptet, der tote Vater, welcher bekanntlich auch komponiert hatte, sei ja in Wahrheit viel musikalischer gewesen als Bruder Ludwig. Als ob. Seine Mutter das beurteilen konnte. Die liederliche, verlorene Mutter.

Es tat weh, das zu denken.

Einmal hatte die umrissene Frau ihm, der im Bett lag und weinte, über den Kopf gestrichen. Er hatte es deutlich gespürt. Einen Hauch von reiner Liebe. Es war ihm ein Trost gewesen.

Und ein Trost wär ihm manchmal das Rennen gewesen. Einfach losrennen. Ja, jeden Morgen diese fanatische Losspaziererei des Onkels von der Eremitage weg mit goldgelber Hose und schneeweißem Halstuch: aber niemals *rennen*. Er jedoch, der Neffe, hätte manchmal losrennen mögen, da war so ein Kribbeln in seinen Beinen – rennen! Ein Karl Renner sein!

Wie wenig Gelegenheit das Leben einem zum Rennen gibt.

Als Soldat freilich müsste man gewiss mal durch den Wald rennen. Rennen um Ehre und Leben.

Der Wunsch, gewöhnlich zu sein. Der Wunsch, Soldat zu sein. (Offizier aber!) Weg vom Schlamassel. Weg von den Schulden. Weg vom «Vater».

Oder eben Kunsthändler in London. Er musste dem Onkel von Schlesinger erzählen.

Trotzdem rannte er jetzt nicht los. Obwohl er ja allein war in diesem Moment. (Oder?) Hier abseits des Pfads ging es nicht gut zu rennen, und vielleicht ließ ers auch wegen des nassen Fußes, oder wegen des Dursts. Beim Klavierunterricht aber, früher, da hatte er ganz immens dieses Kribbeln in den Beinen gespürt, den Drang, einfach aufzuspringen und loszurennen. Gegen den Lehrer Czerny hegte er dabei keinen Groll, der war trotz seiner Pingeligkeit ein freundlicher Mann, ein sanft wohlwollender Mensch, der niemals an die frische Luft zu gehen schien, und hatte aufgrund seiner Freundlichkeit den Unterricht auch bald wieder eingestellt. Gab ja würdigere Schüler und willigere, und Czerny wollte niemanden quälen mit seiner Quälerei. Dreimal in der Woche war er ins Institut gekommen zum Klavierlehren. Unterrichtete im Stehen und wedelte dabei mit der Hand herum wie ein Kapellmeister. Fleiß, sagte er, Fleiß. Dabei völlige Reglosigkeit des ganzen Körpers, der Hand zumal, allein die Finger dürfen sich bewegen. Das Fleisch des jungen Beethoven war schwach, aber der

Geist noch schwächer. Ein Dummkopf war er darum längst nicht, bitte sehr. Nach Czerny hatte eine Zeitlang der Onkel selbst den Unterricht übernommen, die Hände etwas breit hinlegen, legato und Daumen, sagte er immer wieder, Daumen und legato, und versuchte vor allem dem Schüler immer wieder einzubläuen: *der Ausdruck* − der wahrhaftige Ausdruck sei wichtiger als alle richtigen Töne. Aber der Schüler hatte nichts auszudrücken. Er wollte nichts ausdrücken. Die richtigen Töne, das wäre ja noch gegangen. Da weiß man, woran man ist. Richtig oder falsch, das kann man wohl hören. Und ob etwas regelmäßig ist. Der Onkel aber sagte: das Unregelmäßige. Längen und Kürzen. Das Regelmäßige nur einstweilen, bis einer zum Unregelmäßigen kommen kann.

Dann lieber Czerny. Clementi hatte er auch gern gespielt.

Einen Schüler habe der Onkel vor Jahren in die Schulter gebissen, hatte er sagen hören, da konnte er ja noch froh sein. Czerny, der freundliche Quälgeist, biss keinen in die Schulter.

Freilich, Gewissensbisse statt Schulterbisse, ist das besser … und geraucht hätte er jetzt auch gern. Soldaten rauchen den ganzen Tag.

Tock tock tock

Schließlich hatte der Onkel den Unterricht eingestellt und mit dem Unterricht auch den Plan, der Neffe müsse ein Künstler werden. Da war eine Zeitlang alles entspannter geworden, aber seit ein, zwei Jahren spannte es sich wieder an. Erst recht, seit Karl im Frühling das mühsame, schon halb verkorkste Philologiestudium an der Universität geschmissen hatte und ins Polytechnische Institut am Karlsplatz eingetreten war, um Kaufmann zu werden; allein sein Argument, jeder Buchhalter verdiene mehr als ein Professor, hatte dem Onkel den sauren Wein versüßt, dennoch ... nicht mal Gelehrter also, wenn schon kein Pianist. Gelegentlich musizierten sie freilich noch vierhändig – das bekam er schon hin, zumal der Onkel ja taub war. Etwas von ihm spielten sie allerdings nie gemeinsam (allein hatte er eins oder das andere mal probiert, schwierig, schwierig, und dann noch was ausdrücken). Aber immer wieder einen schönen, nicht zu schwierigen Satz Variationen in e-Moll über ein französisches Lied, den der sehr gelobte, aber offenbar arg schüchterne Schubert vor Jahren über einen Mittelsmann an der Tür hatte abgeben lassen. Da hatte Karl sogar Freude daran, denn es war ihm, als ginge dieses Stück viel leichter in die Hände, ja als fließe es direkt in die Finger, und die drückten sich dann ganz von allein aus; während er sich an die Stücke des Onkels erinnerte wie an etwas, das gegen die Hände gemacht war.

Nein, das Musizieren selbst war ihm ja gar nicht so arg. So ein hübscher Walzer, beispielsweise. *Eins*-zwei-drei, summte er jetzt im Wald, mit etwas frivol verschlamperter Zwei, und deutete einen Drehschritt an (aber der nasse Fuß). Und mit einer schönen Frau setzte er sich natürlich erst recht gern ans Klavier, wenn sich die Gelegenheit ergab. Am schönsten, wenn sich da die Hände überkreuzen …

Arg war ihm nur immer das Üben gewesen. Die *Einzelhaft am Klavier*, wie seine, leider allzu weit entfernt lebende, Nenntante Grete einmal geschrieben hatte.

Und die *Natur*, war die nun Freiheit? Das behaupteten einige. Karl aber fühlte sich im Wald, und nicht nur wegen der Spinnweben im Gesicht und der bedrohlich schiefen Bäume am Bach, um vieles beengter als in einem verrauchten Salon oder im Kaffeehaus. Und was das Gesunde anging: als ob. Da musste einer nur die Gesichtsfarbe vom Onkel ansehen. Wo das wohl herkam, was da wohl in ihm arbeitete, man wills gar nicht wissen. Und schon gar nicht, wo's hingeht.

Endlich kam er aus dem Unterholz heraus und stieß zu seiner Freude auf einen bequemen Pfad, den der Onkel, der sich hier gut auskannte, angesteuert haben mochte. Alter *pathfinder*, kurzsichtiger. In welche Richtung aber würde er sich wohl gewandt haben? Auch hier gab es nur richtig und falsch, bloß dass der Verfolger eben nicht wusste, was was war. Aus einer Richtung sah er zwei Spaziergänger kommen, eine Frau und einen Mann, denen spazierte er entgegen, grüßte und fragte, ob sie einen alten Mann mit gelbem Gesicht und gelber Hose gesehen hätten.

Beethoven?, fragte der Spaziergänger.

Ja.

Ja, der sei ihnen vorhin entgegengekommen, vor einer Viertelstunde etwa. Anscheinend sehr in Eile.

Die Frau lächelte, sie hatte wunderbar große Augen, Karl hätte sich gern mit dem Mann um sie duelliert. Er bedankte sich und ging weiter. Auf den Pfad fiel, durch die Wipfel der hier lockerer stehenden Bäume, einiges Sonnenlicht, und ging Karl in der Septembersonne, wurde es ihm zu warm, ging er wieder im September-schatten, zu kühl. Ihm war klar, es war fürs Soldaten-leben ungünstig, wenn man es in der Sonne zu warm findet und im Schatten zu kühl; aber die Casinos dachte er sich stets wohltemperiert, ob Juli oder Jänner, wie ein Kaffeehaus, egal ob man sich dort amüsierte oder die Zeit totschlug, was vielleicht aufs Gleiche hinausläuft, und das mit den Schulden würde sich auch finden. Und Kunsthandel in London wär gewiss auch *well tempered*.

Er beeilte sich jetzt, um den Onkel einzuholen. Ganz allein lassen wollte er ihn denn doch nicht. Den manchmal Blutspeienden, Tauben, Kurzsichtigen, ja fast Blinden, um Himmels willen … was nützt ihm da der Kompass … Karls Schreckbild übrigens: taubblind – Schwindelempfindung … *immer mägerer, eher uibel als gut*, hatte der Onkel im Frühling geschrieben, bevor er so krank geworden war, *wo bin ich nicht verwundet, zerschnit-ten?!* – und wenn er ihn auch mit Aufträgen scheuchte – erledige dies, Karl, erledige das, Karl –, dann tat er das ja aus Hilfsbedürftigkeit, und weil er ihm vertraute. Als ob. Ausgerechnet ihm. Dem Fladerer. *Bad tempered* jetzt wieder, Groll diesmal gegen sich selbst! Nein, wenn der Onkel ihm davonlief, dann tat er das ja nicht aus böser Absicht, sondern weil er sich in Gedanken verlor, und nur darum auch den Neffen. Manchmal fand der Verlorene den Onkel dann wieder, ehe der den Verlust überhaupt bemerkt hatte. Sah ihn irgendwo stehen, wie er eins seiner Notizbücher aus der vollen Rocktasche geholt hatte und im Stehen etwas darein schrieb, das Heft gegen die Brust gedrückt, den Kopf gesenkt wie ein Gehängter bei der Spinnerin am Kreuz. Dann wartete er, bis der Onkel fertig notiert hatte, ehe er ihn einholte. Ein andermal fiel dem Onkel von selbst der Verlust auf, und dann würde er auf ihn warten und ihn, wenn sie sich wiederhatten, herzen. Oder, wenn er nicht kam, zurückgehen, ihm entgegen. Dieses Sich-und-die-Welt-in-Gedanken-Verlieren kannte der Neffe gut, nur halt nicht von sich selbst, und ohne es zu verstehen.

Verwundeter Verwunder, zerschnittener Zerschneider.

Er stand dem großen Beethoven so nah, aber der war ihm so fremd.

Vielleicht hatte das Verlieren etwas mit der Natur zu tun, von der Karl einzig rätselhaft war, wieso sie vielen Menschen ein Rätsel war. Was allein der Onkel so hineinlegte in die Natur! Was die Menschen überhaupt in die wehrlose Natur hineinlegen, da war ungewöhnlich ja beinah schon derjenige, der als einziger nichts hineinlegt und weder Visionen hat noch Gedanken, die tiefgründeln wie die Enten im Teich. Jenes hohe Wunder, von dem schon manches alberne Mädchen geschwärmt hatte und auch dieser und jener Student an der Universität, die er, dornenreiche Zeit, zwei Jahre lang besucht hatte bis zum Abbruch: dass die Sterne bei Tag nicht zu sehen seien – na, das war ja lächerlich, überhaupt kein Wunder und Rätsel, sondern *easy* erklärlich. Er schaute zum Himmel hoch: bitte sehr, blau. Es war sehr schön, es hat mich sehr gefreut, du blauer und dennoch bestirnter Himmel über mir. Es war sehr schön, es hat mich sehr gefreut, du moralisches Gesetz in mir. Es war sehr schön, es hat mich sehr gefreut, du Gottheit in allen Dingen.

Die Natur sei *gleichsam seine Nahrung*, hatte ein Engländer, der zu Besuch gekommen war, einmal über den Onkel gesagt. Als wollte er die Natur essen. Als wäre die ganze Natur ein einziger großer Fisch.

Bald war Mittag. Tock, tock.

Und sieh an, da entdeckte er zu seiner Freude am Rand des Pfades einen Strauch voller Kratzbeeren, leuchtend und verlockend, und er blieb stehen, um ein paar zu essen. Die linderten ein wenig auch den Durst. War denn in den süßen Kratzbeeren nicht auch die Gottheit? Denn dass die Gottheit in der Natur drinsteckte, darüber hielt ja der Onkel gern lange Reden auf langen Spaziergängen, wenn er nicht in Schweigestimmung war oder in Gedanken davonspaziert. Abwechselnd pries er die Erscheinung der Gottheit in der Natur und schimpfte über die Nachbarin. Die sei eine Urteufelin und alte Schreckse, und die Musik sei die Stimme, welche die verborgene Harmonie der Schöpfung enthülle. *Lobe Gott* wollte er einst aus einem Wachtelruf herausgehört haben. Als ob. Die Wachtel nach Gott riefe und nicht nach einer hübschen Wachtelin. Und jeder Baum

spräche durch Gott, hatte der Onkel einmal feierlich
ausgerufen. Oder hatte er gesagt, Gott spricht durch
den Baum? Karl war nicht mehr sicher. Er hörte immer
Schelling vom Onkel, manchmal schellten ihm schon
die Ohren davon, und manchmal verstand er bloß Shel-
ley. Und *Zweckmäßigkeit ohne Zweck*, das war ihm wie ein
Schlag mit dem Kantholz, die Natur kam ihm eher vor
wie zwangvolle Plage, eine Müh ohne Zweck. Egal, das
führte wieder zu weit ... Und natürlich hatte der Onkel
ihm, der ja als Kind schon kosmogenische Romane
hatte lesen sollen und bändeweise Weltgeschichte, auch
öfter Sturms *Betrachtungen über die Werke Gottes im Reiche
der Natur und der Vorsehung auf alle Tage des Jahres* empfohlen. Schwindelempfindung allein durch den Titel!
Selbstverständlich hatte er, als er noch, zum Zweck des
Gelehrterwerdens, Blöchlingers Institut besucht hatte,
von belesenen Kameraden über das *deus sive natura* des
Spinoza gehört, wenn auch quasi unter den Pulten. In
der heimlichen *fumeurs*-Ecke auf dem Schulhof. Wie
sollte man sich das aber vorstellen, dass die Gottheit in
der Natur drinsteckt, wie die Karpfenbeuschel in der
Suppe?

Jeden Mittag Fischsuppe. Er aß ja auch gern Fisch,
aber doch nicht jeden Tag (gefühlt). Und jeden Tag der
Holz zu Gast. Und genauso war es ihm mit der Gottheit,
nichts gegen sie (behüte!), aber doch bitte nicht überall.

Und manchmal Groll gegen die Natur sogar. Was
konnte denn die dafür. Karl aber war immer froh, wenn

er wieder unter Menschen war, denn in der Natur ist der Mensch verloren. *Lost and perdu.*

Groll gegen Gott.

Zu antworten brauchte man dem Onkel nicht auf seine langen Reden auf den langen Spaziergängen, das wäre ja auch sinnlos, man müsste schon stehenbleiben und ihm aus voller Kehle hineinbrüllen ins linke Ohr. Als Karls Vater gestorben war und der vaterlose Neunjährige zum Onkel kam, da hatte der noch ein wenig hören können. Aber als sie gemeinsam für einen Maler Porträt gesessen waren, da hatte er die ganze Zeit dem Onkel ins Ohr schreien müssen, was der Maler eben gesagt hatte. Der Neffe wurde immer größer und der Onkel immer tauber und wollte also, dass der Neffe Musiker würde und später, wenn nicht Musiker, so Gelehrter, und behufs Erreichung der hohen Ziele Zulabern, edle Appelle, Verprügeln (einmal hatte er ihn sogar zwar nicht in die Schulter gebissen, aber zu erdrosseln gedroht) — er aber hatte, *wenn* schon etwas, dann eher noch Kaufmann werden wollen, oder jetzt noch lieber Offizier, oder eben Kunsthändler in London. Dachte das jetzt wieder und wieder: Soldat werden. Zwischendurch: London. Nach London gehen. Oder Soldat werden. *Farn away from Vienna.* Fort aus der Einzelhaft beim Onkel. Und jedenfalls etwas, wo man nicht immerzu ans Geld denken musste und vom Geld reden und ums Geld streiten (*wenn* der Onkel doch wieder eine Oper schriebe, dann müsste er auch nicht, wie damals bei der Akademie mit der Chorsinfonie, im grünen Frack dirigieren, weil der im Halbdunkel einem schwarzen am ähnlichsten sieht). Der Onkel aber, der keine Frau hatte, hatte sich immer *Vater* genannt, auch wenn er sich arg rarmachte, hatte drängende Briefe unterschrieben mit *Dein treuer Vater*, bis er eines Tages unterschrieb: *leider Dein Vater oder besser nicht Dein Vater.*

Da war Karl sechzehn gewesen und also schon zum zweiten Mal vaterlos.

Nicht so vieles mögte ich aufgewendet haben, um der Welt einen gewöhnlichen Menschen zu erziehen.

Das war vor einigen Wochen geschrieben. Der Satz stand mitten im Brief, ein tödlicher Schlag aus allerlei Wortbrei heraus, zwischen *schmollen* und *hoffe dich zu sehen*. Bla bla. Ich will, dass es dich nicht gibt. Unterschrieben: *B.*

Wenige Zeilen darüber aber: *Wie immer / Dein treuer Vater.* Schwindelempfindung, tock tock

Sollte er einige Kratzbeeren in sein Taschentuch sammeln und mitnehmen, falls der Onkel Hunger hätte? Diese nicht, die war schon überreif, igitt. Die auch. Überhaupt, der dunkelrote Saft der Beeren im schönen Taschentuch … also, die Natur, vielleicht war die für den Onkel ja eine Welt wie das Griechische, dachte Karl: ersehnt und unzugänglich zugleich. Denn wenn er auch die Wohnung voll hatte von Klassikern und die *Odyssee* rauf und runter las, so doch immer nur auf Deutsch, die Übersetzung von Voß. Der Neffe aber fühlte sich pudelwohl im Griechischen, weil es ihm zugänglich war, er sich aber nicht danach sehnte. Und wohl auch, weil er hier dem Onkel mal was voraushatte. Homer und

Sophokles auf Griechisch gelesen nämlich, und auch den *Prometheus* von Aeschyl. Gelehrte Besucher forderte der, endlich einmal stolze, Onkel auf, seinem Neffen Rätsel auf Griechisch aufzugeben. Oder er ließ sich von ihm griechische Schriftzeichen in sein Heft malen: νήοω ἐν ἀμφιρύτῃ. Ebendies seien die Menschen, hatte der Onkel da, an jenem Tag in schwerer Stimmung, gesagt: *meeresumflossene Inseln. Islands surrounded by the sea*, dachte Karl im Wienerwald. Auch Epigramme ließ der Onkel sich öfter vom Neffen übersetzen und Grabinschriften: *Hier schläft ... Denn der Gute stirbt nie.* Dieses Epitaphion gefalle ihm am besten, hatte er dem Onkel, vor einigen Jahren, ins Heft geschrieben, und er erinnerte sich, wie er im letzten Herbst einmal abends mit einem hübschen, leider verstockten Mädchen, etwas älter als er, stadtauswärts über den Währinger Friedhof spaziert war und dort von fern den Onkel bemerkt hatte, der lange an einer bestimmten Stelle verharrte; sie hielten still und gingen erst hin, als der Onkel fort war, weil sie sehen wollten (oder eigentlich wollte nur er es, dem Mädchen wars egal), wessen Grab das sei – es war aber eine Grabstelle ohne Stein und ohne Namen. Wenn es also ums Griechische ging, da bewunderte der Onkel den Neffen. Auch im Griechischen steckte für ihn, mehr als in allen anderen Sprachen, offenbar die Gottheit drin.

Und der Neffe konnte den Onkel wieder lieben, denn bewundert liebt sichs leichter.

Nur dass er überhaupt nicht das Gefühl hatte, hier in eine geheime Welt vorzudringen oder in ein verlorenes

Paradies. Ihm fiel halt bloß das Sprachenlernen leicht. Nur weil er nicht arg musikalisch war, war er ja kein Trottel; und es waren übrigens schon manche Musiker in ihren Haushalt hereinspaziert (es spazierten überhaupt mehr Leute herein bei ihnen als wieder hinaus, gefühlt), die ihm als ganz erhebliche Trottel vorgekommen waren, die ärgsten Dummköpfe. Denen hatte die Gottheit an Musikalität geschenkt, was sie an allem anderen gespart hatte.

Nun hatte er die Kratzbeeren endgültig satt, sich überdies einige Male an den Dornen gestochen, und er fürchtete eine Magenverstimmung (dann könnte er nachher keinen Wein trinken) und ging weiter, ohne welche ins Taschentuch zu stecken. *Scratchberry*, dachte er, summte vor sich hin: *scratchberry fields forever.* Aber hießen die überhaupt so? Er dachte wieder an England. Ein wenig Englisch hatte er bereits gelernt, nicht so wie das Griechische, aber doch ein Anfang. Auch das war ihm leichtgefallen. Und auch England dachte er sich *well tempered*, während es hier im Wienerwald weiterhin zu heiß, zu kalt war. Aber die Wälder und Täler in England interessierten ihn eigentlich nicht besonders. Die englischen Salons, die würden ihn interessieren! Der englische Rauch, die englischen Frauen: ein englisches Leben führen, ganz lustig daneben!

Denn jetzt könnte er nach England. Schlesinger, der Verleger, wollte ihn zu sich nach Paris holen und dann weiter nach London schicken, damit er dort für ihn eine Kunsthandlung aufbaute. Bei der Quartettprobe im *Wil-*

den Mann waren Karl und Schlesinger, der selbst noch ein junger Mann war, ins Gespräch gekommen und auf diesen Gedanken. Karl malte sich das Leben dort schon aus. Die Clubs, Monster Tea Gardens, die London Docks, wo Elfenbein und Kaffee gelöscht werden – der Ozean fließt bis in die Stadt hinein. London war nicht so ein elendes Nest wie Wien. Eine meeresumflossene Insel und doch der Mittelpunkt der Welt. Da hätte er auch endlich einmal das Meer gesehen. Schon auf der Reise. Wenn sie hier nun schon immer Fisch aßen! Karpfen natürlich und Hechte und Forellen, keine Meeresfische … Der Onkel selbst hatte ja schon öfter davon gesprochen, ihn nach London zu schicken, wo jeder Mensch etwas wisse und zwar gut wisse, während der Wiener nur von Essen und Trinken wisse und Musik klimpere von wenig Bedeutung. Letztes Jahr war ein Harfenfabrikant aus London zu Besuch gekommen, dem hatte er den Neffen bereits angekündigt, damit aus diesem kein Alltagsmensch würde. Wien sei so nichtswürdig wie die Mutter des Neffen. Und überhaupt schwärmte er von England beinah so viel wie von der Natur. England, in dem die Freiheit drinsteckt wie die Gottheit in der Natur und die Karpfenbeuschel in der Suppe.

Ob der Onkel je das Meer gesehen hatte? Karl meinte sich zu erinnern, dass er ihm einmal von einer Reise in jungen Jahren nach Rotterdam erzählt hatte, die musste ewig her sein. England, England, hörte er vom Onkel, seit er denken konnte, immer England, man nahm es schon nicht mehr ernst. Tock tock tock.

Manchmal redete er neuerdings auch vom Rheinland, von Heimkehr … vielleicht aber nur, weil da der Wein besser war, er ließ sich ja Kisten mit Wein schicken vom Rhein. Wie wohl der Wein in England … *anyway.* Ginge er, Karl, nach London, wären sie sich am Ende also doch noch einig geworden über das, was aus ihm werden sollte. Und wieder aufsteigender Groll, als er dran dachte, was der Onkel alles an ihm versucht hatte. Manchmal war er sich vorgekommen wie ein Geschöpf, das der Onkel, als moderner Prometheus, aus Leichenteilen zusammenstückeln wollte, aus Schlachtabfällen (meine Fresse, das war der wahre *état de nature*, wie Pestalozzi und Rousseau ihn sich gewünscht hatten): ohne Herkunft, mutterlos erschaffen von einem alleinstehenden Geschöpfe-Schöpfer. Der Onkel wollte ein Vater sein, der ein mutterloses Wesen erschafft. Verwechselte er ihn etwa mit einem seiner Kunstwerke oder einem Thema, das man formen kann auf Biegen und Brechen?

Deine Liebe klebt, *mon oncle.* Ich bin ein Mensch, den du nicht gemacht hast. Ich kenne nichts Ärmeres unter der Sonne als dich.

Und doch liebe, ehre und achte ich dich.

Was denn nun. Schwindelempfindung.

Nur, wenn der Onkel so an die Natur glaubte und an das Wirken der Gottheit, warum hatte er dann all die Jahre derart gezogen und gezerrt am Gras und zog und zerrte immer noch? Am Gras, das in Wahrheit seine, Karls, schönen schwarzen Haare waren.

Könnte ein Mensch aber sein eigener Schöpfer sein? Könnte er sich selbst erschaffen?

Sich selbst erschaffen. Sich selbst aus der Welt schaffen. Das kann einer.

Wenn einer doch auch *in zwei Stunden ein Dichter* werden kann. So hieß ein Buch in der Bibliothek des Onkels. Wenn er nur nochmal eine Oper schreiben wollte, da könnte er sich selbst den Text verfassen und Geschöpfe erschaffen, wie er wollte, mit Haut und Haaren, die Haut wären die Worte, die Haare die Musik.

Oder doch *Faust*. Faust wäre ein Schlager.

Ihn, Karl, jedenfalls in Ruhe lassen. Das Leben, eine Einzelhaft. Er ging den Pfad weiter. Der Onkel war noch immer nicht zu finden. Dafür sah er nun zwischen den Bäumen, in einiger Entfernung, eine hochgelegene Burgruine, um die herum spitze Felsen aufragten, wie vom Himmel getropfte Stalagmiten, oder so, als wäre die Burg in ein Nest aus Stacheln und Dornen gefallen. Natürlich kannte er die Burg, es war Rauhenstein, er war früher schon dort oben gewesen. Der Burg fehlte das Dach, war sonst halbwegs intakt, nur kein Dach. Feste Mauern, unüberwindlich beinah, oben jedoch regnets ungehindert rein. Erhaben und kaputt zugleich. Darüber dachte er nach. Der Wienerwald war voll von solchen intakten Burgen ohne Dach. Österreich, Land der dachlosen Burgen. In diesem Moment war ihm, als nähme jemand seine Hand, er spürte den Umriss der Berührung, er war nicht allein hier. Und er schaute von der Burg auf, noch höher, hinauf zum schönen, tief-

182

blauen Himmel, an dem sich das Bestirnte verbarg, *easy* erklärlich. Beunruhigende Ordnung des Unsichtbaren. Tock. Schwindelempfindung. Eng der Rock am Hals. Irgendein Raubvogel am Himmel.

Wann anders

Ein Felsen über dem Meer, darauf halb liegend halb
hängend ein, wie es sich gehört, unbekleideter Mensch:
den nackten Rücken auf dem harten Stein, das Gesicht
zum Himmel. Sein Körper ist muskulös, von starkem
Knochenbau, aber versehrt und verbrannt von Licht
und Salz; und von dem andern. Die Haut hunderte
Male stückweise abgefallen und abgerissen. Wenn er
die Augen öffnet, sieht er die unbeeindruckten Wolken
dort oben, wenn er das Kinn zur Brust zieht, das unbe-
eindruckte tiefblaue Meer. Reckt er aber den Hals zur
Seite, bis es wehtut, dann sieht er die Steilküsten der
Insel, riesige dunkle Klippen, zu denen sein – «sein»! –
Felsen gehört. Ihm ist, als kennte er diese Insel noch
aus undeutlichen Erinnerungen. Als Kind kam er sich
manchmal vor wie ein auf einer abgelegenen Insel ausgesetzter Mann. Als Mann kam er sich vor wie ein auf

einer Insel ausgesetzter Knabe. Aber keiner, der Disteln köpft.

Nun. Trotz der abweisenden steilen Küsten ist dies ja eine angenehme Insel. Leidlich erträglich, jahrein jahraus. Ewiger Frühsommer hier im milde ozeanischen Klima, selbst am heißesten Tag steigt die Temperatur niemals über achtzehn Réaumur, in der kältesten Nacht fällt sie nicht unter zehn. Schimmernder Dunst über dieser wohltemperierten Todesinsel. Ja, manchmal könnte es geradezu behaglich sein, hier zu liegen – wenn nicht die Abende wären. Die Angst vor den Abenden. Obwohl die frühsommerlichen Nächte, in die diese Abende führen, so mild und freundlich sind.

Die Szenerie – Felsen, Meer und Himmel – erscheint ihm, als schlüge einer mit den Unterarmen auf eine Klaviertastatur. Ein Dröhnen, dass es schon Stille ist, dröhnende Stille; eine Art Rauschen. In das er sich eingehört hat mit der langen, gebundenen Zeit. Sich eingelebt in dieses Rauschen.

Die Landschaft in seinem Rücken aber, oder besser über seinem Nacken, hinter der Steilküste, die ahnt er mehr, als dass er sich an sie erinnerte. Er sieht ja, auch wenn er den Hals reckt, nichts von ihr. Aber hört! Ja, er hört die abgelegene Welt. Das Säuseln und Brausen der Wellen, das Blasen und Pfeifen des Windes, die spitzen Schreie der Seevögel. Aber eben auch, und fast deutlicher, die merkwürdigen, unbeschreibbaren Laute der Tiere in seinem Rücken, nie gehörte Vögel darunter, fernab von Kuckuck, Wachtel, Nachtigall. Arten leben hier, die es nirgendwo anders gibt, der Inselregenpfeifer, der Inselriesenohrwurm. Vielleicht sind das die im Garten Eden zurückgebliebenen Tiere? Und er hat zu leiden, weil er als einziger Mensch im Paradies ist – wenn auch am Rand?

Das Funkeln des Sonnenlichts auf dem Wasser, es wäre ein Genuss, wenn es nicht so blendete, dass es in den Augen schmerzt. Schmerzt bis an die Grenze der Blindheit. Blendung und Rauschen: Das ist diese Insel.

Manchmal sieht er im Lauf des Tages, oft gegen Mittag, winzige Segel in der Ferne. Fischerboote vielleicht. Es werden ja nicht gerade Argonauten sein oder Odysseus. Er denkt dann an diese fernen, unbekannten Menschen und wünscht ihnen sichere Heimkehr.

Das Wasser. Mehr noch als aufs Land, oberhalb der Felsen, zurückzukehren, würde er gern hinausschwimmen aufs Meer. Oder bloß ins Wasser steigen. Seele und Schicksal reinigen. Jedoch, wer dort unten ins Wasser ginge, der käme kaum mehr heraus. Aber es kommt ja ohnehin nicht in Frage. Er liegt ja in Ketten. Ist angeschmiedet, wie man sagt. Spürt den rauen Felsen im Rücken. Seine Beine würden gern tanzen.

Was er getan hat, dass er so gestraft wird? Er weiß es nicht. Feuer gestohlen, Menschen geformt aus Sand, das ist alles Unsinn, dafür ist es nicht. Da hätte es ja einen Sinn. Es ist vielleicht eine Strafe ohne Tat. Denn die große klassische Zeit ist vorüber, die Götter strafen bloß zu ihrem Vergnügen.

Nein, keine Götter, kein Vergnügen. Nur Strafe. Einfach so.

Früher glaubte er an siegreiche Taten, an Heldentum. Ans Siegen. Jetzt nur mehr ans Aushalten. Ertragen – das klingt immerhin etwas feierlicher. – Abends blendet das Licht ihn am stärksten. Er blickt in die untergehende Sonne. Irgendwo dort muss Amerika liegen. Das Land, in dem sie vorwärtsgehen. Und weit zur Rechten England. Nun ja. Das alles sieht er nicht. Was er sieht, ist der Adler. Trotz der Blendung, immer schon von Weitem, aber natürlich ist das zuerst ein kleiner, unscharfer, manchmal flirrender schwarzer Punkt. Während er näherkommt – und das Näherkommen dauert lang, furchtbar lang –, scheint es im schwelenden Licht für Momente, als hätte der Adler zwei Köpfe.

Hat er aber nicht. Natürlich. Ein einziger Schnabel reicht ihm ja, um den Gefesselten zu verwunden. Es geschieht, wenn es Nacht wird. Alles geschieht in der hereinbrechenden Dunkelheit. Das Reißen am Herz oder was es ist. Mit seinem langen, herabgebogenen Oberschnabel, diesem fürchterlichen Haken, öffnet der Adler dem Gefesselten den Bauch: als wär der lebendige Mensch ein Kadaver. Zupft das Fleisch Stück für Stück ab, bis er das, Abend für Abend, Gesuchte endlich findet und herausholt. Sieh an, da ist es, gut zu erkennen trotz der Dunkelheit, denn es leuchtet, und obwohl es jede Nacht kleiner erscheint, geschrumpft schon auf die Hälfte seines Volumens: lederartig fest, grünlichblau gefärbt und an seiner höckerichten Oberfläche, so wie

an seiner Substanz mit bohnengroßen Knoten durch-
webt; sämmtliche Gefäße sehr enge, verdickt, blutleer.
Das nimmt er mit, der Adler, Nacht für Nacht.

1824, 7. Mai

Hier. Kommt. Alex. Leverkuhn. Ein junger Wienreisender aus England, geladen bis dorthinaus, o meine Brüder,
feuertrunken bis Oberkante Unterlippe vor Beathoven-
Begeisterung. Die Zeit steht still in Reihe siebzehn,
einem Riss zwischen den Welten. Kein stehendes, sondern ein zerrissenes Jetzt. Der Komponist hat es selbst
zerrissen, den Riss hineingerissen: als Seipelts Bass (wie
hoch der kommt!) die Musik unterbricht, die eine Weile
schon stockte – obwohl Beethóven schon gewusst hätte,
wie man sie weiterfließen ließe: wer, wenn nicht er! –
wenn er denn können gewollt hätte oder gemusst; auch
wenn in den letzten Jahren immer wieder behauptet
wurde, er könne's nicht mehr, sogar in England wurde
das getuschelt ... – nein, hineingerissen eigentlich, als
Seipelts Bass die *Pause* unterbricht, diese ellenlange
Pause, in die die Musik sich mutwillig hineingestockt

hat. Ogott, der kräht da rein, der Seipelt. Was für ein heikler, plumper, peinlicher Moment. Was für eine derbe Unterbrechung.

o Freunde

Und dann dieser Riss, in dem Alex Leverkuhn sitzt. Immer schon sitzt, nichts geht mehr. *Rien, nitschewo, nothing.* Eine Achtelpause, ein Atemholen lang schmutzige Ewigkeit. Alex sitzt im Riss drin in Reihe siebzehn im Kärnthnerthortheater, es geht nicht weiter und natürlich rückwärts schon gar nicht, auch wenn ers im Krebsgang versuchte. Zurück ins Adagio käme er doch nicht, und zurück nach Leicester schon gar nicht, dieses elende Cough in den Midlands, das seine großen Zeiten schon tausend Jahre hinter sich hat (nur Richard der Dritte kam noch). Und trotzdem dem Rest der Welt voraus! In Sachen B. nämlich, sprich *Beathoven*, der jetzt über Europa rollt, aber bereits vor dreißig Jahren in Leicester gespielt wurde, als dieser junge Mann überhaupt erst aus Bonn nach Wien gekommen war, wo sie, wie Alex seit einigen Tagen weiß, alle *Beethóven* sagen. Ausgerechnet Leicester. Aus nicht mehr ganz durchsichtigen Gründen, es heißt, ein Abbé habe damals auf der Flucht vor den französischen Halsabschneidern, die sich nun auch in Bonn breitmachten, die Noten der Streichtrios eingesteckt und mit nach England genommen. Auf jeden Fall strichen sie in Leicester schon Trios von Beathoven, als die in Wien Beethóven gerade erst kennenlernten. Die Beathovenpflege riss nie ganz ab in Leicester. Und Alex Leverkuhn, der zur Zeit der Streichtrios noch gar nicht geboren war, lernte in Leicester als Kind im Haus seiner Eltern und später, als empfänglicher, entflammbarer Teenager, auch in anderen Häusern der Stadt die berühmten Werke kennen, die den Trios folgten, das Es-Dur-Septett, die Klaviertrios, die Pathétique und die Sturmsonate. Und er hörte schließlich sogar, freilich spärlich besuchte und stotternd vorgetragene, Referate eines weltläufigen Leicesterers namens Wendell K. über Beathoven betreffende Fragen, wie zuletzt die, warum der jüngsten, vor einem Jahr in London publizierten Sonate in c-Moll der dritte Satz fehle. Oder über Fugen, solche Sachen. K. begleitete seine Vorträge mit Klangbeispielen auf schollerndem Pianino. In Alex Leverkuhn erwachte der Wunsch, nach Wien zu reisen, wo er nun, auf einer europäischen Bildungsreise, auch gelandet ist und das sich als ein enttäuschendes Nest herausgestellt hat, zwar nicht im Vergleich mit dem Cough Leicester, aber mit London, wo alles vibrierte und schneller und lauter war und dennoch von größerer Weite. Er verbrachte in London einige trotz nachteiliger Jahreszeit herrliche Wochen, bevor er übers Meer reiste von England nach Wien – via Frankreich natürlich, wo keine Hälse mehr abgeschnitten werden (oder nur noch die von Verbrechern), und während der Überfahrt blickte er aufs Meer, mit leerer Seele, aber noch immer empfänglich und entflammbar, sehnsüchtig, sehrend, auch züchtig. Leer? Diese seine Seele kam ihm manchmal wie das Meer vor, von dem er nur die Oberfläche kannte, unter der sich aber unendliche, auch fürchterliche

Welten verbargen. Er wollte das Meer umarmen: das Unbekannte. Übers Meer, dachte er, sollte mal einer eine *Sea Symphony* komponieren oder ein *la mer*, aber beim Gedanken an diese mögliche Musik wurde er, obwohl der Seegang im Ärmelkanal nicht sehr heftig war, seekrank und ging also unter Deck und legte sich hin, bis sie ankamen. Später überquerte er auch den Rhein. Und in Wien: tote Hose, und alle sagen Beethóven. Es war enger als in London, und leiser, aber nicht auf stille Weise. Sehr ordentlich, sehr sauber, zumindest was er sah, es mochte auch andere Ecken geben, und wer kann in die Herzen schauen – denn das Benehmen der Wiener, nun ja! Alex nahm Unterkunft in einem kleinen Zimmer in der Josefstadt, bei einer freundlichen Witwe. Großartig dann aber, dass es sich traf, dass er schon am nächsten Tag hörte, eine große Beethóven-Akademie stehe unmittelbar bevor: die erste seit vielen Jahren, kaum sei mehr damit gerechnet worden. Die unverhoffte Aufführung einer neuen Beethóven-Sinfonie, nach über zehn Jahren! Als Alex sogleich am Kärnthnerthortheater ein Billet kaufte (es schien, dem Rummel zum Trotz, noch reichlich zu geben), bemerkte er im Hinterraum der Kassa einen schönen jungen Mann mit überaus sanften, aber *somewhat* unfreien Gesichtszügen – angeblich der Neffe des Komponisten, wie er von einem anderen, gerade vor ihm eingetroffenen Kartenkäufer erfuhr, mit dem er auf dem Weg zum Graben noch einige Worte wechselte. Dabei nannte ihm dieser Herr auch die gegenwärtige Adresse Beethóvens, der übrigens, habe er gehört, gar nicht so griesgrämig sei, wie oft behauptet, und zumal Besucher aus England sehr gern empfange; und er erzählte ihm einige skurrile, aber keineswegs abstoßende Schnurren von Besuchen bei Beethóven.

Gleich am nächsten Morgen lief Alex Leverkuhn also, wie es wohl schon manch anderer getan hatte, in die Ungargasse ins genannte Haus *Zur schönen Sklavin*, ging dort durch den Hof und zur hinteren Stiege in den ersten Stock. Er traf dort aber niemanden an, nur eine Nachbarin auf der halben Treppe, die ihm mitteilte, Beethóven habe derzeit keine Haushälterin und sei deshalb vermutlich zum Frühstück in irgendein Kaffeehaus gegangen; sein Neffe aber, ein Ausbund an Fleiß, sei wie fast jeden Morgen schon früh ins Colleg aufgebrochen.

Statt zu warten, ging Alex Leverkuhn zurück in die innere Stadt und entschied sich auf dem Weg übers Glacis, keinen weiteren Besuch zu probieren. Entgegen seinen bisherigen Wünschen und Plänen und entgegen allen Üblichkeiten junger englischer Wienreisender und auch gegen die Befürchtung, es später einmal zu bereuen, Beethóven nicht besucht zu haben, als man damals in Wien war und die Gelegenheit hatte ... denn was, sagte er sich, während er über den Graben spazierte, könnte die Kenntnis des Menschen, des Kerls seiner Musik hinzufügen? Doch bloß solche Geschichten wie die von dem Kartenkäufer an der Kassa des Theaters gehörte über jemanden, der beim Meister zu Gast gewe-

193

sen sei und dort faule Eier vorgesetzt bekommen habe; welche Beethóven, als er es bemerkte, laut fluchend aus dem Fenster in die Gasse geschmissen habe, und siehe, es sei die vierte Etage gewesen (es musste also in einer anderen Wohnung als der jetzigen geschehen sein): was jedenfalls unten in der Gasse zu wütendem Geschrei geführt habe, von dem der Taube aber gar nichts mitbekam.

Hört man Beethoven besser, wenn man dabei an faule Eier denkt?

In der Stadt aber überall Gekakel! In den Kaffeehäusern, in Salons, auf den Straßen: ein schwerer Schlag gegen die italienische Mode werde hier erfolgen! Eine machtvolle Parallelaktion gegen Rossinis, mit Verlaub, Kopulationsmusik! Schlimm nur, dass das Notenabschreiben sauteuer sei, wegen der vielen, vielen Stimmen, und wohl auch wegen der Sauklaue, mit der die Minerva Beethóven tondichte! Hoffentlich werde der schwere Schlag gegen die Italiener also nicht ruinös werden! Man müsste im Grunde die Eintrittspreise erhöhen, um den Italienern eins auswischen zu können! Aber der Polizeiminister erlaube es nicht, alles hänge ja zusammen, die Kartenpreise und die Staatssicherheit! Die Sinfonie wäre auch um ein Haar, statt im wunderschönen Wien, im ekelhaften, sandigen, steifen Loch Berlin aufgeführt worden, und noch schlimmer, letztes Jahr hätte Beethóven sie fast schon nach England geschickt! Man stelle sich die Blamage vor! Nur eine entschlossene Initiative patriotischer Aristokraten habe die Berlinkatastrophe verhindert, ein entschiedener öffentlicher Aufruf, und übrigens sei es ein haltloses Gerücht, dass Beethóven selbst hinter dem Aufruf gesteckt habe! Zudem sei der Kopf des Meisters, man wisse das von solchen, die es wissen müssen, rappelvoll von Plänen, eine neue Oper werde es geben nach dem immensen Erfolg des wieder-aufgenommenen *Fidelio* vor anderthalb Jahren, wahr-scheinlich eine *Doktor-Faustus*-Oper, außerdem Ora-torien, ein Requiem, weitere Sinfonien natürlich ...!

Schließlich wars soweit. Erheblicher Auflauf im Kärnthnerthortheater am Freitag, dem siebten Mai (ei-nem trüben Tag), trotz einiger leerer Logen, und, wie man im allgemeinen Gebrabbel vernahm, *vom Hofe nie-mand*. Nur was für ein Benehmen der Wiener, viele von der eigenen Bedeutung aufgeblasene Drängler, desglei-chen Adabeis, die fragten, was wird eigentlich gespielt. Alex sah im Parterre von fern den schönen Neffen im Gewühl und schnappte die Namen einiger Besucher auf. Dort in der Loge der Tuchhändler Wolfmayer, treuester Verehrer, der schon feuchte Augen bekomme, wenn nur der Name Beethóven falle. Ein alter Mann wurde von zwei Bediensteten in einer offenen Sänfte zu seinem Platz geschleppt, ein Gichtwrack – das sei von Zmeskall, ein alter Freund Beethóvens und der Familie Brunswick, in deren junge Frauen vor zwanzig oder dreißig Jahren alle Männer Wiens verliebt waren (die schönste, aber auch leichtfertigste sei schon tot). Ein Brunswick sei übrigens auch hier, der eigens mit Frau aus Budapest angereiste Graf Franz, Cellist und Theaterdirektor und derjenige, dem Beethóven einst die berühmte f-Moll-Sonate dediziert habe – der Dicke da hinten. Dem Zmeskall aber, damals noch kein Gichtwrack natürlich, sondern ebenfalls Cellist, habe der Meister vor Jahren sein letztes Streichquartett gewidmet (vielleicht vorerst letztes, angeblich schreibe er an einem oder sogar mehreren neuen), und überhaupt lauter wandelnde Widmungsträger hier: Lichnowsky, Dietrichstein – Fürsten, Grafen, Hofräte, nur schade, dass Lobkowitz tot, für dessen Frau Beethóven damals die Lieder an die ferne Geliebte … und der anwesende Oberstkämmerer Czernin, nicht zu verwechseln mit dem ebenfalls anwesenden berühmten Klavierlehrer Czerny (den einige *Zerrni* nannten, andere *Tscherny*). Das Orchester war riesig besetzt, Alex zählte – genau sah ers von seinem Platz aus nicht – acht oder zehn Celli und zur Linken zwölf erste Geigen, und alles Holz vierfach. Der erschreckend fettleibige Konzertmeister, sogar aus Reihe siebzehn kurzatmig wirkend, musste der große Schuppanzigh sein, von dem auch in englischen Zeitungen öfter zu lesen war. Das alles war aber nichts gegen das Auftauchen Beethóvens, der tatsächlich vor dem Orchester erschien: Sehr eilig kam er herein, ungeduldig, fast ärgerlich. Er werde *an der Leitung des Ganzen Antheil nehmen*, hatte es kryptisch auf den Plakaten geheißen, und nun war Alex, der ihn leibhaftig nicht zuvor gesehen hatte, wirklich froh, auf den Besuch verzichtet zu haben: klein und etwas dick, rotes Gesicht mit schwarzen Augen (was vielleicht an Reihe siebzehn lag, von wo alles nach Maske aussah, auch die Brille), graue Zottelhaare; und einen grünen Frack trug er seltsamerweise. Nicht die geringste Ähnlichkeit mit den, auch in englischen Zeitungen, öfter gedruckten Porträts und Stichen. Ein enttäuschender Anblick, und doch zugleich irgendwie auch erhaben. Aber vielleicht nur wegen Reihe siebzehn. Vor allem jedoch, was hampelte der Kerl da, als, nach der Pause, die Sinfonie endlich losging? Fuhr wie ein Wahnsinniger hin und her, streckte sich hoch empor, kauerte bis zur Erde, irre Kniebeugen, und schlug mit Händen und Füßen herum. Wie der Beschwörungstanz eines Indianers oder Afrikaners, eines Medizinmanns, Wettermachers. Ein namenloses Thier. Neben, oder eher halb hinter, ihm ein zweiter Dirigent, der seinen Taktstock an dem sich verrenkenden Körper vorbeistreckte. Alex Leverkuhn kam es vor, als wäre das Publikum ein Gebüsch, in dem man hockte und das alles beobachtete: auch dass der zweite Mann den ersten mit seinem Stab in Wahrheit erstechen wollte ... Seine Sitznachbarin kicherte. Jemand zischte sie an. Sie kicherte weiter.

Vor der Pause hatte es bereits eine sehr laute Ouvertüre gegeben, die Alex vorgekommen war wie aufgeblasener Händel, mit einer Fanfare zwischendrin und sich in hektischen Fugen verlierend, und danach drei nicht eben kurze Chorhymnen aus einer Messe, die vor wenigen Wochen in Russland aufgeführt worden sei: ein Kyrie, in dem immer wieder eine einsame Stimme aus dem Chor hervortrat und anrufend stehenblieb, dem

Hirtenchor im *Messiah* nicht unähnlich; ein Credo, das um eine ärmliche Kadenz herumeierte (ich glaube an die Dreifaltigkeit von Vater Tonika, Sohn Subdominante, Heiliger Dominante?); und ein Agnus Dei, in dem am Ende eine Schlachtenmusik zu rumpeln begann. Alex dachte an K.s schollerndes Klavier in Leicester. Bedauerlich nebensächlich kamen ihm diese einleitenden Werke vor, und die Hymnen zumal altväterlich, auf pompöse Weise perückicht. Wie ausgiebig man sie geprobt hatte, schien Alex auch zweifelhaft, und die Akustik im Kärnthnerthortheater war doch ziemlich trocken. Der Chor (vielleicht fünfzig Sänger, die hohen Stimmen zur Hälfte Knaben) blieb gleich auf der Bühne, als die neue Sinfonie begann. Und dann, obwohl Alex allmählich schläfrig wurde, der stickigen Luft wegen … *und dann*! Der erste Satz kam ihm wie ein feuerspeiender Berg vor, der zweite wie das spitze Trippeln einer Colombina und ein Harlekin, der seine Umgebung geniestreich-artig auspeitscht (die verdatternden Einsätze der Pauke wurden aus einigen Ecken bejohlt), und der dritte wie eine sehr interessante, wenn auch manchmal, zugegeben, etwas eintönige Sehnsucht aus Licht und Schatten. Die Nachbarin, die gekichert hatte, schnarchte jetzt, Zischen zwecklos, man müsste sie schon an der Schulter rütteln. Es hatte Zwischenapplause gegeben, auf die man den tauben Nebendirigenten hinwies, damit er sich umdrehte: wieder diese Maske. Je länger das ging, und dann erst recht, als zu Beginn des vierten Satzes eine entsetzliche Dissonanz in den Raum lärmte und alle bisherigen Sätze noch einmal aufzutauchen versuchten, unzusammenhängend, stockend, und die Kontrabässe irgendwas zu rumpeln begannen, so als ob sie zu singen versuchten, aber eben bloß rumpelten und pumpelten (unklar, ob das so beabsichtigt war) – desto stärker verfestigte sich in Alex Leverkuhn die Zwangsvorstellung des zappelnden Meisters nicht länger als eines Wilden oder Medizinmannes, sondern als eines kleinen rothaarigen Mädchens mit Zöpfen, das hier ein weißes Pferd in die Luft stemmt. Solche Kraft hatte dieser Tondichter!

Dann der Riss. Heikel, peinlich. Joseph Seipelt, der Sarastro und Caspar, Bartolo und Micheli im *Wasserträger* und *Fidelio*-Gouverneur, schwingt seinen Bass bis zum eingestrichenen e hoch: *fro----inde*. Ergriffenheit und Fremdscham, innig vermischt. Zerrissenes Jetzt.

O droogs, nicht diese Töne. Denn dann ging es natürlich doch weiter. Das also wars, was die rumpelnden, pumpelnden Bässe hätten singen mögen, wenn sie gekonnt hätten? Eine Hymne, eine mitreißende Hymne. Explosion, Ekstase. Als wäre ein großer bunter Vogel in die Milchbar gerauscht. Dass die jungen Solistinnen, mit entzückenden Stimmen, hörbar öfters daneben sangen (obwohl ihre Linien eigens von einem Klavier unterstützt wurden), tut dem Taumel keinen Abbruch. Der junge Wienreisende aus England, empfänglich und entflammbar, hat das Gefühl, einer ungeheuren kultischen Handlung beizuwohnen, am liebsten würde er mitsingen, mitschreien ... himmelhochfauchend, zu Tode beglückt: *drunk with joy*, freudetrunken bis Unterkante

Oberlippe. Im Ertrinken ein Rausch: Alex will. Wem. In. Die Fresse hauen

vor Beethóven-Furor. Vor Begeisterung für die Menschheit. Aber nicht nur mit der Menschheit fühlt er sich eins, sondern mit dem Weltall, mit allen Sternen und Planeten. Aus Liebe! Auch der andere soll *ihn* in die Fresse hauen – *sich selbst* in die Fresse hauen, ach, wenn das …! – Dann aber sah er sich um. Die Nachbarin, immerhin wieder aufgewacht, blickte blöd, und ringsum diese teilnahmslosen Fressen. Irgendwelche Männer, die nachts in ihr Tagebuch notieren werden: *Schön, aber langweilig* – Da wollte er auch dreinhauen. Brutale Unentschlossenheit, er fühlte sich *queer as a clockwork orange.* Wusste nicht mehr, ob aus Liebe oder Hass, bleibt nur das Hauenwollen.

Schließlich lärmender Jubel; zumindest des tonangebenden Teils des Publikums, denn einige applaudierten, wenn man sich umsah, eher verhalten, und nicht wenige waren vorzeitig gegangen. Alex Leverkuhn sah, wie der kleine Mann da vorne, rotmaskiert, schwarzäugig, grauhaarig und, wie man wusste: taub, in den Jubel seiner Verehrer blickte. Auch aus Alex brüllte es jetzt, o meine Brüder. Einige im Publikum, die wohl an den Tauben dachten und also an die verzerrten, für ihn lautlos oder jedenfalls nur nach einem weißen Rauschen klingenden applaudierenden und brüllenden Körper: die brüllten und applaudierten nicht, sondern schwenkten Hüte oder weiße Taschentücher. *Wie zur Kapitulation,* witzelte später im Hinausgehen ein Herr und weckte so den Zorn eines anderen. Alex aber wünschte sich in diesem Moment in der Menge in die Geräuschlosigkeit des Tauben hinein. Er wünschte sich, es wäre nach dem erheblichen Lärm dieser irren Kantate vollkommen still. Niemand würde brüllen, johlen, klatschen, es würden nur vollkommen lautlos Tücher geschwenkt.

Noch im Hinausströmen in die Nacht war Alex Leverkuhn unsicher, ob er die Menschheit lieben oder hassen sollte. Stinkende Welt, ewige Liebe. Je größer der Abstand zum eben Erlebten wurde, desto unsicherer und verwirrter war er, worauf das alles hinauswollte. Er hatte Lust auf ein kühles, erfrischendes Glas Milch. Längst wurde wieder allerorten gebrabbelt. Jemand rief, dies sei die größte Sinfonie aller Zeiten! Niemals werde diese unsterbliche Musik ihre köstliche Frische verlieren, sie sei schlechterdings nicht abnudel- und -dudelbar! Ein anderer, Beethóvens Vertonung habe Schillers herrliches Gedicht ja bloß herabgezogen in einen Weinrausch. Ein anderer, der türkische Marsch im Finale sei abscheulich und bizarr, der reine *Islamismus*: Brüder werden – schön und gut, aber doch nicht mit den Mohammedanern! Noch ein anderer, die ersten drei Sätze hätten ihm gefallen, generell zwar Beethóvens frühere Sinfonien besser, aber man müsse sich halt auf Neues einlassen. Und einer erzählte, auf der vierten Galerie habe ein hagerer Narr, der mit Frau und Tochter da war, die ganze Zeit laut geprahlt, er sei Beethóvens Bruder; vielleicht sei ers tatsächlich gewesen …

Alex Leverkuhn verschwand hastig in die, durch

immer neue Gaslampen immer besser beleuchtete, Nacht, in irgendeine Seitengasse. Weg war er, Gott weiß wohin.

Für einen Moment ist der Platz vor dem Theater völlig leer. Das Theater aber steht nicht mehr da, oder es ist aufgedunsen, als wärs der Geiger Schuppanzigh, in die Breite gegangen nämlich und zwei Stockwerke obendrauf: ein Haus wie ein Palazzo aus der Zeit Palestrinas, nur viel zu groß; überhaupt die umstehenden Gebäude bedrückend schwer, und von einem Platz im Grunde keine Rede mehr. Gegenüber das ausladende Hinterteil eines anderen, neuen, auch schuppanzighhaften Opernhauses. In dem Palazzo aber, denn jetzt belebt sichs wieder mit Menschen und Tieren, webt und werkelt eine Witwe, die immerzu Zigarre raucht und sich mit kleinen Französischen Bulldoggen umgibt, namenlosen Thieren zu Beethóvens Zeit noch, weil sie da überhaupt erst von Nottinghamer Spitzenklöpplern gezüchtet werden; dank der Zigarre rauchenden Witwe, die nach dem Tod ihres Mannes das Haus führt, heißen sie in Wien Sacher-Bullys. Eine riesige Grabplatte von Dach, zuvor gar nicht bemerkt, lastet weiß auf dem Palazzo, die Witwe ist fort, stattdessen Schilder, Fahrzeuge, sinnlose Fiaker; und viele Menschen: von denen einer, Gott weiß, Alex Leverkuhn sein mag. Nachts aber, als es ruhiger zugeht, stellt jemand eine Flasche neben sich aufs Trottoir, pinkelt ein klobiges Denkmal an, nimmt die Flasche wieder und geht schnell davon. Bleibt nochmal stehen, weil er was spürt, als zuckte ihn was an; dann zuckt er mit den Schultern:

und zwar exakt an der Stelle, an der Franz Grillparzer nach dem Ende der Akademie steht, ziemlich ratlos, und über die eben gehörte Sinfonie den Kopf schüttelt. Er hat Lust auf Torte.

Etwas später lief Grillparzer dem Kollegen Nikolaus Lenau in die Arme und sah den jüngeren, immer so schmachtblickenden Milchbart skeptisch aus den Augenwinkeln an, während er sagte: Confuses Zeug.

Er habe jeden Gedanken fassen und verfolgen können, antwortete Lenau.

Jeden?

Jeden.

Und zwar?

Lauter ewige Gedanken, lauter ewige Formen.

Confuses Zeug, sagte G., ohnedies verschnupft, weil ihm die Censur zusetzte und Betthoven die *Melusine*, die er ihm vor einem Jahr überbracht hatte, überhaupt nicht anrühren zu wollen schien; die eben gehörten festlichen Schlusschöre hätte er sich in der gemeinsamen Oper vorgestellt; andererseits war er darüber, trotz seiner bedrückenden Lage, in gewisser Weise erleichtert, denn es war ihm alles zu … confus.

In einer anderen Gasse ging indessen eine junge Frau mit ihrem Mann heim. Sie fragte sich im Stillen, warum alle so ein Gewese um diese, sicher recht schöne und gewaltige, Chorsinfonie machten. Das Eigentliche, dachte sie, seien doch die sogenannten drei Hymnen davor gewesen, das *Kyrie*, das *Credo* und das *Agnus Dei*; und sie war sicher, dass sie, wenn sie diese Messe je im

Ganzen zu hören bekäme, sie für Beethóvens größtes
Werk halten würde. – Später in der Nacht regnete es
sehr stark.

1825, 6. November

Quietschvergnügt, innerlich giggelnd betrat die Contessa den *Wilden Mann*. Jedes Mal ein Kitzel in ihr wegen des verwegenen Namens! Dabei war das ja ein vornehmes und nobles Haus. Vor der Tür, auf der Kärnthner Straße, fuhren die Stellwagen nach Baden ab, jedenfalls im Sommer, da war sie einige Male mitgefahren hinaus in die herrliche Natur mit verschiedenen Begleitungen, bumsvoll meist die Kutschen und lustig wars. Jetzt das Wetter eine Schweinemisere, feuchtkalter November nördlich der Alpen, brrr, alle Italiener hier fürchten das. Und in dieser Stadt zumal eklatanter Mangel an Luft und Licht, und auch vor dem verseuchten Grundwasser musste man sich hüten. Aber natürlich Ballsaison bald … ah, die Wiener Bälle! Und auf der Straße, zwischen *Wildem Mann* und *Erzherzog Carl*, trotz Schweinewetter allerhand los, Männer und Frauen umeinander scharwenzelnd im

Nieselregen oder auch hochgeschäftig aneinander vorbei, und keiner von denen interessiert sich, seien wir ehrlich, für Bettofen. Sie schon! Zumindest ein bisschen. Ein neuer *quartetto d'archi*, keine Ahnung welche Tonart. Aber sie freute sich drauf, und wie, trotz bisschen Bammel, denn sie hatte natürlich öfter gehört, wie schwierig und abgehoben und geradezu verschroben Bettofens Werke der letzten Jahre seien, eigenartige Hervorbringungen, lauter ungelenke Ungestümheiten. Schrecken und Banalitäten, hatte einer gesagt: Fugen, Fugen, Fugen, und nimmer an die Hörer denken. Bettofen solle lieber noch eine Oper schreiben, etwas Bedeutendes ... Faust zum Beispiel – ehe am Ende die Italiener sich daran vergriffen (*dai!*) oder gar die Franzosen. Diese Hoffnung sei wohl eitel, hatte ein anderer entgegnet, ein halsloser Eierkopf, und erzählt, bereits im Frühjahr sei ein anderes neues Streichquartett aufgeführt worden, rätselhaft und nur Trümmer von Schönheit und Erhabenheit, alles unter wüstem Schutt vergraben ... Nun, man würde ja hören. Und hoffentlich einen Blick auf den Bettofen werfen! Sie lächelte dem Mann an ihrer Seite zu, einem charmanten, leider völlig unmusikalischen Wiener, der lächelte ölig zurück. Soll er nur lächeln! Wenn er sich gut aufführte während des Quartetts und auch sonst recht nett wär, würde er sich nachher wohl mal heran ölen dürfen, *vediamo un po'.* Hoffentlich auch zu *ihrem* Vergnügen, vorher weiß mans ja nie. Nachher ist man klüger! Wenn auch vielleicht nicht beglückter. Zumindest aufgewärmt. Bei manchen Männern freilich nicht mal das ...

Bewährte Methode, mit der sie Männer prüfte: wie einer sich im Konzert aufführt. Benimmt er sich brav und hält die Klappe und hört zu, auch wenn er ein unmusikalischer Stock ist. Dann wird er seinen Lohn empfangen. (Vielleicht.)

Immerhin, der liebe, ölige Wiener hier kannte Gott und die Welt in der Stadt Wien und konnte ihr, wenn schon nichts über das Tongeschlecht des zu erwartenden Quartetts, wenigstens hersagen, wer wer war im *Wilden Mann*, wo es, recht voll nämlich und der Raum ziemlich klein, schon im Hereinkommen außerordentlich warm und stickig war. (Aufwärmen durch einen Mann also nicht nötig im Prinzip, aber sie pfiff auf Prinzipien, ihr Leben lang schon.) Dieser da also, der jetzt schon schwitzt und schnappatmet: Korrespondent der *Allgemeinen musikalischen Zeitung. Ohimè*, ein Kritiker. Dieses schwarzhaarige Bürschchen da (oha, sie pfiff durch die schönen weißen Zähne) der Neffe des Komponisten. Sieht ein bisschen übernächtig aus, oder? Dieser auf alle ringsum einplappernde Pantalone: Bettofens Bruder, schweinreicher Apotheker. Und dieser jetzt schon Feuchtäugige dort drüben ein *commerciante di stoffe* namens Giovanni Wolfmayer, veritabler Tifoso von Bettofen, lasse kein Konzert aus und heule jedesmal *a calde lacrime* – wie ein Schlosshund. Am Rande bemerkt, Wolfmayer habe eine verarmte Verwandte, die sei eine der besten Köchinnen der Stadt, und man höre, Wolfmayer wolle sie, statt sie zu unterstützen, dem Komponisten als Haushälterin zuschanzen …

Luigi van Bettofen war anscheinend nicht da, leider.

Und der da, dieser alte junge Mann von einer gewissen ausgemergelten Pausbäckigkeit? Auch ein Komponist, Frantz Pietro Schubert, eher eine lokale Größe. Oha, dachte die Contessa wieder und konnte die Augen kaum von ihm wenden; wenn auch der schwarzhaarige Neffe, dort drüben, der Hübschere war *senza dubbio*.

Die Stühle standen dicht an dicht, die Wiener gierten offenbar nach Streichquartetten, und nach Bettofen erst recht; wobei sie vielleicht eher neugieren als musikgieren … ob er noch auftauchen würde? Sie betraten ihre Reihe von der rechten Seite aus, er nach ihr und schob sogleich seinen Stuhl im Hinsetzen unauffällig noch um einige Zentimeter, mehr ging ja gar nicht, näher an den ihren.

Im *Wilden Mann* hatte sie, seit sie in Wien war, neuneinhalb Wochen oder neundreiviertel, schon öfter gegessen, eins der besten Lokale der Stadt. Mmh, Fischspezialitäten! Am liebsten aber waren ihr (echte Römerin!) diese Wiener Innereien: gedünstete Kutteln und gebackene Spanninger, geröstete Niere, gespicktes Kalbsherz, gefüllter Euter … na, jetzt also mal ein Streichquartett in diesen gebenedeiten Räumen. Über den Namen des Lokals hatte sie schon manche Geschichten gehört, etwa von den Mohren, die vor dreihundert Jahren mit dem Elefanten Soliman in die Stadt gekommen seien und hier gewohnt hätten; und da es so viele Mohren gewesen seien, hätten sie die schöne Stadt Wien beinah überfremdet und umgevolkt und natürlich in vielen Häusern gewohnt, weshalb es ja in und um Wien nicht nur den einen *Wilden Mann* gab, sondern viele Gaststätten dieses Namens, bis in den Prater, auch da war nämlich ein *Wilder Mann.* Der Elefant Soliman aber habe bei seinem Einzug in Wien eine um die Ecke biegende Mutter derart erschreckt, dass sie ihr Töchterlein habe fallen lassen und es dem gewaltigen Tier direkt vor die monströsen Zehenspitzen gestürzt sei ... jenes aber habe das Kleine sanft mit dem Rüssel aufgehoben und der Mutter zurückgegeben. Und dass das Eckhaus zum Graben *Elefantenhaus* heiße, komme von einem, leider längst verlorenen, Wandgemälde, das der dankbare Gatte und Vater seinerzeit dort habe anbringen lassen, zu ewiger Erinnerung an das sanfte Monstrum Soliman. (Das Tier selbst sei ein paar Monate später in einer Menagerie krepiert, weil man nicht wusste, was Elefanten fressen, und aus seinen Knochen habe man herrliche Stühle geschnitzt, die stünden jetzt im Stift Kremsmünster.)

Verscheucht euch, ihr Abschweifungen, denn nun gings los, mit einem Trio: das Klavier allein beginnend, sanft pulsierend in einer weichen, ja molligen Durtonart, und das Knie ihres Begleiters kam von rechts ein Stückl näher an ihrs, noch ehe die beiden Streicher einsetzten. Das Klaviertrio wurde ihm (Knie samt Mann) merklich schon bald ein bisschen lang, allein als im zweiten Satz unversehens ein hübscher Walzer auftauchte, hellte das Gesicht des Mannes sich etwas auf. Bah, er wird sich zusammenreißen müssen, sonst ... Zu ihrer Linken saß unguterweise ein älterer Herr von einem Geruch, sagen wir mal, nicht gerade erzherzoglich. Das fragte sie sich übrigens öfter nördlich der Alpen, was es mit älteren Herren im Konzert und im Theater auf sich hatte und der Frage der Hygiene. Waschen die sich nicht die Hände, und mehr?

Ach, das Trio war ganz bezaubernd. Dann aber, heißer erwartet, das neue Quartett. Leider war der verheißene fette Falstaff von Primarius mit dem unaussprechlichen Namen nicht da, von dem die Contessa schon einiges gehört hatte (Rezitative singe der auf seiner Geige innig wie kein anderer, bloß die Behändigkeit in den Läufen und dergleichen, nun ja). Stattdessen ein schlanker blonder Kerl an der ersten Geige, eigentümlich anziehend, mit schmalen Augen und so einem gewissen Blick von unten herauf, nicht übel. Die langsame Einleitung des Cellos, Tongeschlecht ungreifbar, divers, ins Allegro hinein Knie an Knie, und von links noch immer der unerzherzogliche Geruch, an den sie sich allerdings rasch gewöhnt hatte: wie es überhaupt in den gedrängten Sitzen zwar immer heißer und heißer wurde, der Saal war auch einigermaßen niedrig, nur warum einige derart stöhnten – war doch schön. Das Allegro, in Moll also, aber was sagt das schon, floss. Dabei zerschnitten, zerrissen. Man könnte sich die Kleider vom Leib fetzen. Das Knie ihres Begleiters etwas lebhaft und mit der innigsten Empfindung, immer dichter, *non t'allargare*, mein Lieber! Oder doch, *allarga pure* …

Viel später dann etwas Fremdartiges. Ein Kontakt. Ein bestimmter ausheimischer Ton, nicht nur einmal,

immer wieder in diesem dritten Satz, der mit so einer
innigen Sexte begonnen hatte. Was war das für ein Ton?
Ein h, behauptete ihr Ohr, ein ungehöriges h. Jedes Mal
wenn es erklang, war es, als klirrte die Luft im Raum.
Fern – ferne Zeit, ferner Raum. Hauch von anderem Planeten. Bald schaute sie sich aber auch wieder um in den
vollgestopften Reihen, denn der dritte Satz war nicht
nur wildfremd, sondern auch ziemlich lang: und dachte,
Hauch vom Planet der Affen hier, betrübliches Personal –
ausdünstende Kartoffeln. Nicht der liebe Ölige zur
Rechten, der machte zwar schon etwas gewalkte Visage,
aber er hält durch. Brav. Würde nicht ohne Lohn bleiben
(wahrscheinlich). Aber manche andere hier, schwitzend,
glasigen Blicks – Ächzen, Stöhnen, oder stummes Stie-
ren und Starren. *Dai*, ihr erdäpfligen Wiener! Ihr hingegen war nicht zu heiß, sondern gerade richtig, und
der Satz wurde ihr nicht zu lang. Denn zugleich machte
dieser fremde Ton, dass das alles ganz alt und vertraut
klang, wie aus versunkenen Kirchen. Himmlische Längen, dachte sie, himmlische Längen. Und ätherischer *tor-
mentone* dieses immer wiederkehrende Gesangsthema ...
wie sagte man es auf Deutsch ... Ohrwurm ...?

Düster und verworren kam ihr hier gar nichts vor,
sondern hell und klar.

Ein *Schscht* zur Linken: das galt Bettofens Bruder, der
mit seiner Nachbarin flüsterte. Er zischte zurück. Einmal wandte sie sich nach hinten, nur aus Neugier: und
sah den Komponisten, Frantz Pietro Schubert – schlief
der? Nein, er hörte. Mit geschlossenen Augen. Man

sah, dass er hörte. Gab sie sich einen Ruck und hörte auch weiter zu! Und gern, so gern, denn es war ja schön. Wunderschön dieser dritte Satz. Warum hatten die alle gesagt, der alte Bettofen sei verschroben, abgehoben, schwierig? Vielleicht, aber diese Musik war schön. *Bellissima*, und einfach.

Öfter drehte sie sich noch um. Alle schwitzten, einige schliefen, der Komponist hörte mit geschlossenen Augen. Und auch sie hörte quasi mit geschlossenen Augen, selbst wenn sie herumschaute dabei. Wünschte sich, diese Musik soll niemals aufhören. Und (das mochte nun auch an der Hitze liegen) schließlich begann das Publikum sich auf seinen Stühlen ein klein wenig vom Boden zu heben und sich langsam um die vier musizierenden Männer, um die Musik zu drehen. Und sie ihrerseits drehte sich für sich und um sich, mittendrin im kreisenden Publikum, es sich drehend betrachtend, und zu allem Überfluss war ihr, als befände sie sich nun im Innersten der Musik, und zugleich drehte die Musik sich auch um sie. Verknäulte Umlaufbahnen, herrlich geordnete Unordnung der Sterne. Der liebe ölige Mann neben ihr immer enger, mit Knie und Hand. Schuberts geschlossene Augen. Der Versuch, das alles irgendwie auf ein Wort, auf ein einziges Wort zu bringen: *schön*. Diese Musik, dabei hatte sie doch etwas Bammel gehabt vorher, kam ihr, letzter schwindliger Bildwechsel, wie ein gewaltiger Elefant vor, dem man sie, winzig, vor die Füße geschmissen hatte und der sie nun mit seinem mächtigen Rüssel sanft und liebevoll aufhob. Oje, was war das denn für ein Kompliment für ein Musikstück, der Rüssel eines Streichquartetts ... fast wie die plumpen Koseworte, mit denen oft ein Mann ihr zu gefallen versuchte und sich dabei um Kopf und Kragen schmeichelte ... und sie hoffte, diese einfach schöne Musik sähe sie so wohlwollend und barmherzig an, wie sie, die Contessa, die Männer ansah.

Nur Bettofen leider nicht da.

Beethoven badete.

Beethoven aß.

Beethoven trank.

Beethoven schlief.

1826

Un-be-greif-lich, sagte der geistvolle Herr mit Embon-
point und außerordentlich schöner Begleiterin zu
letzterer (vielleicht aber auch ein wenig in den eigenen
Spitzbauch hinein), während sie dem berühmten Spaziergänger, dem sie zufällig begegnet waren, nachblick-
ten, und in den Worten des Herrn schien neben der,
ein wenig um des Effekts willen gespielten, Ungläubig-
keit sogar eine merkwürdige Spur von Bedauern mit-
zuschwingen: unbegreiflich, dass dieser große Mann
noch unter den Lebenden wandelt. Gut, schon etwas
bräunlich-gelb im Gesicht. Dennoch, dass ein solcher
Mensch atmet, dass er isst und trinkt, schläft – dass er
wahrhaft wandelt als ein sterbliches Wesen …

Beethoven starb.

1827, 32. März

Das träumende Kind verließ das Rote Haus, um zum Schwarzen Haus hinüberzugehen: dorthin, wo jetzt der Tod wohnt. Das Glacis war wüst und leer. Der Blick übers Glacis, das große Nichts zwischen den Teilen der Stadt, fiel im Traum weiter denn je, viele Meilen bis hinüber zum nah gelegenen steinernen Schottentor. Unbekannter Weg, den das Kind, strebsam und bereits am Rand der Kindheit, dreizehn Jahre alt, schon so oft gegangen war (denn hier, sagten die Erwachsenen, sei selbst im alles erstickenden Winter Licht und Luft), dass er ihm zum Hals heraushing. Die Stadt dort drüben unendlich fern. Ihre Kirchtürme schwiegen in den Himmel. Es gab Menschen an diesem Morgen, aber sie schliefen alle. Nicht nur die, die noch in ihren Betten lagen, sondern auch die hier draußen, auf diesem großen stillen Platz: all die Frühaufsteher und die Wachen der Nacht. Ein Bierkutscher mit dem Kinn auf der Brust, sein Pferd schlief im Stehen. Eine eilige Dienstmagd hatte sich zum Schlafen gelegt. Ein gefallenes Mädchen – eins von denen, die das Kind halb gruselten, halb es verlockten, halb ihm leidtaten (denn so ein Mädchen war anderthalb Menschen) – kuschelte sich an einen Zaun, einen hölzernen Verschlag. Die ganze kaum erwachte Stadt und selbst die niemals schlafende Stadt waren zu Schlaf erstarrt.

Die beiden Bettelkinder aber, ein Junge und ein Mädchen, dort hinter dem Busch in Flicken und Lumpen gewickelt, die hätten wohl so oder so noch geschlafen.

Allein einige träumende Geister, wie sie von Kindern, die sich dem Rand der Kindheit nähern, gleich erkannt werden, gingen herum.

Vielleicht hat einer dieser Geister es im Schlaf gestreichelt, so dass es träumt.

Vor dem Schwarzen Haus eine Linie mickriger Bäume, kaum bis auf die Höhe der Fenster in der ersten Etage. Die Baumlinie zog sich vor der ganzen Front des Schwarzen Hauses entlang, um da zu enden, wo die Fassade der aufgelassenen Kirche begann. Diese Kirche stand im Eck zwischen Rotem und Schwarzem Haus, weit überragte sie mit ihrem Dreiecksgiebel die beiden Häuser, Türen und Fenster doppelt so hoch: als wohnten in diesem Gebäude die Riesen, in jenen die Menschen.

Voller Betten jetzt die einstige Kirche. Ein Bettenmagazin des Militärs. Soldaten brauchen viele Betten. Zum Träumen und zum Sterben. Denn nicht alle können im Feld sterben.

Auch die Bäume schliefen.

Das Schwarze Haus war nicht schwarz. Es hatte die Farbe von Champagner oder Rheinwein, von dem das Kind bisher immer nur heimlich gekostet hatte. Es war die einstige Prälatur eines einstigen Klosters, das die Schwarzspanier einst gegründet hatten, die Benediktiner von Montserrat. Das Kind betrat das stille Stiegenhaus und ging hinauf. Seine Schritte waren lautlos. Auf der Treppe kam ihm, ebenso lautlos, ein eiliger junger Mann entgegen, mit verweinten Augen und glücklichem Lächeln, ein anderer Träumer vielleicht, er mied den Blick des Kindes und hastete wortlos hinab. In seiner Hand, erkannte das Kind mit flüchtigem Blick, ein Büschel grauer Haare.

Im zweiten Stock öffnete es die linke, unverschlossene Tür, mit der messingnen 38 darauf. Die *wüste Leere halb Unordnung* des geräumigen Vorzimmers nun halb aufgeräumt, fort die geleerten Flaschen und halb gefüllten Gläser von früher. Mit dem Tod kehrt die Ordnung ein. Vor der Wand auf dem Dielenboden einige Gegenstände, die wohl zur letzten Inventur oder zur Mitnahme von irgendwem bereitgestellt waren, das Ölbild einer lockigen Frau mit Bändern in den Haaren, eine gläserne Kaffeemaschine und einiges mehr. Ein Fenster zum Hof, eine Tür zur Küche, dort war das Kind früher manchmal hineingegangen und hatte mit der lieben, guten Köchin Sali geplaudert. Jetzt wandte es sich, statt in die nun verlassene Küche, erneut nach links, in das nächste, größere Zimmer. Darin hohe Schränke mit dicken, zusammengeschnürten Massen von Musikalien. Sonnenlicht fiel zu den aufs Glacis gehenden Fenstern herein, auf mit weißen Laken zugedeckte Sessel und auf das Bild eines pausbäckigen Türken an der Wand, mit Turban und grünem Pelzkostüm, ein Notenheft in der Hand. Das Kind wünschte sich, dieser Mann wäre sein Urgroßvater. Und ebenso, es könnte das Notenheft aufschlagen und darin lesen. Neben dem Bild stand der freundliche, traurige Geist einer Frau, ein schwacher Umriss nur und doch in seiner Durchsichtigkeit fürs Kind klarer als Wände, Möbel, Gemälde: auch die verbrannten Augen der Frau. Nicht imstande, das Kind zu sehen, aber es wusste, dass sie wusste, dass es hier war. Sie sahen einander eine Weile an – sie blind, es träumend. Dann ging das Kind wieder weiter, durch eine Tür neben dem Großvaterbild, und kam in einen noch größeren Raum. Den es gut kannte, es hatte ja manche Stunde hier verbracht in den letzten Wochen, denn seine Gesellschaft war erwünscht gewesen vom Sterbenden.

Es war, zum Glück, mittlerweile ausgiebig gelüftet worden und auch nicht mehr so überheizt wie früher.

Zwei Klaviere und ein Toter in diesem Raum.

Der Tote in der Ecke aufgebahrt, dort, wo er gestorben war: Das Kind wusste es, aber sah nicht hin. Nur ganz aus den Augenwinkeln nahm es die beiden alten Totenwächter wahr, die neben dem Bett im Sitzen schliefen, ihr Schnarchen lautlos wie die Schritte im Raum, alles ebenso unhörbar wie das Flackern der Kerzen vor dem Aufgebahrten, sich im Licht verlierendes Licht in diesem jetzt überhellen Zimmer mit seinen beiden großen Fenstern. Nicht mehr ganz in der Mitte des Zimmers standen zwei nussbraune Flügel, die ihre geschwungenen Seiten ineinander schmiegten, wie das Yin und Yang der chinesischen Philosophen in den Almanachen. Die Flügel waren aus der Mitte des Raums, ihrem eigentlichen Standort, etwas beiseitegeschoben worden in den letzten Wochen, um Platz zu schaffen. Für Ärzte. Für Besucher. Keine pflegende Ehefrau zwar, leider. Dafür Freunde, gar nicht wenige, und noch mehr ferne Freunde, Bekannte, Wohlwollende. Oder das berühmte, trotzdem eingeschüchterte Sängerpaar, das dem Kranken vorgesungen hatte, er die *Adelaide*, sie die große Arie der Leonore, bei der der Kranke taktierte, während er beim Lied dem Atemholen des Sängers zugesehen hatte und dem Ausdruck der Empfindung in dessen Blicken. Es waren aber auch schamlose Möchtegerns gekommen, oder dieser junge Maler, der sich hereingedrängt hatte, um den Sterbenden, in Agonie, zu porträtieren. Die Gier nach dem großen Tod. Da hatte den Vater des Kindes, der wirklich ein enger Freund des Sterbenden war (wie oft hatten sie einander beim Spazieren untergehakt, und Bethowen hatte ihm seinerzeit das Violinkonzert gewidmet) und dem dieses Sterben das Herz brach, die Wut gepackt, und er hatte den Maler, der übrigens kein böser Mensch schien, achtkant hinausgeschmissen; aber später war der Maler wieder hereingeschlichen oder von irgendwem hereingelassen worden. Wie diese Souvenirsammler, oder vorzeitigen Leichenfledderer, die Vorlass-

224

klauber. Für diesen pflegenden und ehrenden und belästigenden Andrang waren die Flügel beiseitegeschoben worden, und auch für diese große Badewanne da, die nun mitten im Wohn- und Schlaf- und Musikzimmer stand, weil der Sterbende nicht mehr hinausgekonnt hatte, aber immer noch baden wollte, immerzu baden. Sein Verlangen nach Wasser, den Körper in Wasser zu tauchen. Bei früheren Besuchen, als es ihm noch besser gegangen war, hatte das Kind gesehen, wie er einen Raum weiter in seinem Noten- und Arbeitszimmer vom Schreibtisch aufgestanden war, seine Brille beiseitegelegt und sich eine Kanne kaltes Wasser über den Kopf geschüttet hatte, um, mit klarem Kopf und klatschnassen Haaren, Wassertropfen über die wieder aufgesetzte Brille laufend, weiterarbeiten zu können. An Streichquartetten. Er mache seit längerem nur noch Streichquartette, hatte der Vater gesagt; allerdings gebe es, wenn er mit diesen, sehr einträglichen, Quartetten endlich fertig sei, tausendundeinen weiteren Plan, die nächste Sinfonie etwa werde auf jeden Fall wieder ohne Chor sein, mit ihr plane er, endlich nach England zu reisen. (Auf dem Weg würde er wahrscheinlich die lang vermisste Heimatstadt Bonn besuchen, und mit ihm vielleicht der Vater, der ebenfalls, sie waren Jugendfreunde, von dort stammte.)

Das Kind mochte Streichquartette gern, sie waren so erhaben.

Es hatte sich aber auch auf tausendundein weiteres Werk gefreut.

Wenn man darüber nachdachte, welchen Werken der Tod dazwischen gekommen war.

Mozart wäre zu Bethovens Tod einundsiebzig gewesen.

Das Kind wünschte allen großen Komponisten, sie mögen hundert oder tausend Jahre alt werden. Dieser junge Mann Franz Schubert etwa, der auch einige Male in das Schwarze Haus gekommen war. Er würde hoffentlich noch sehr lang leben.

Beethovn war mit sechsundfünfzig gestorben. Der Maler war an seiner Seite gewesen, nebst anderen.

Die Flügel beiseitegeschoben, um dem Tod Platz zu machen.

Weiter weg vom Bett, näher zum Fenster hin, stand der englische Flügel, dreisaitig und mit zwei hölzernen Pedalen. Auf dem näher zum Bett stehenden anderen, neueren, noch lautstärkeren Flügel, dem wienerischen von Graf (mit vier Saiten, was aber nicht mehr viel an Kraft drauflegt, und drei Messingpedalen), war der Souffleurkasten obendrauf, die Schallmaschine. Früher hatte sie sich auf diesem etwas älteren und seinerzeit lautstärksten Flügel befunden, dem englischen, erst letztes Jahr war sie auf den neuen Flügel umgepfropft worden. Dem Kind war, als steckte das Hören des Toten noch darin. Vielleicht versteckt es sich dort vor dem tausendnamigen neidischen Dämon.

Das Hören des Toten, der als Lebender schon nichts oder fast nichts mehr gehört hatte, gäbe es also noch immer. Wie ein Lächeln ohne Katze.

Das Kind setzte sich an den wienerischen Flügel, der weit besser gestimmt war als der englische. Es hatte schon vor einiger Zeit daran gespielt, als Beethofen noch auf den Beinen gewesen war und es ihn, den häufigen Gast der Familie, zum Essen hatte herüberholen sollen, er aber noch weiter an seinem (doch das wusste man nicht) letzten Quartett gearbeitet hatte: Da hatte das Kind einfach zu spielen begonnen, und es hatte ihn nicht gestört. Ein andermal hatte er dem Klavier spielenden Kind zugesehen. Mit den Augen zugehört. Danach ihm etwas Freundliches gesagt und einen Lauf vorgespielt, nur einen einzigen Lauf, auf altertümliche Weise mit sehr gekrümmten Fingern, anders als der Klavierlehrer es ihm zeigte: das einzige Mal, dass das Kind ihn Klavierspielen erlebt hatte. Einen Lauf lang.

Immer freundlich. Die Freundlichkeit in Person. Dem Kind wurden die Augen feucht, wenn es daran dachte.

Das Klavier kam dem Kind jetzt fürchterlich verloren vor, wie eine Waise. Es wollte etwas spielen. Ob es aber die Totenwächter nicht wecken würde in diesem stillen Raum, oder gar den Toten stören? Oder sein Hören im Schallkasten erschrecken? Nicht im Traum. Und wenn schon. Also schaute es die Noten an, die oben auf dem Deckel lagen: Händel. Geh! Händel wollte es jedenfalls nicht spielen hier und jetzt, obwohl es gekonnt hätte, es konnte ja fast alles spielen mit seinen dreizehn Jahren. Es übte gern Klavier. Einige Leute sagten, es sei altklug. Das war ihm egal. Manchmal fühlte es sich älter als dreizehn, manchmal viel jünger. Und es hatte immer strebsame Träume, manche sagten auch, es sei ein Streber. Na und? Es kramte weiter in den Papierhaufen und fand nach einer Weile die neuen sechs *Bagatellen*, das letzte, was Beethovn noch fürs Klavier geschrieben hatte. Es spielte sie. Es hörte die Musik klar und deutlich. Die Bagatellen gefielen ihm (natürlich!), sie kamen ihm vor wie das Leben als ein flüchtiger Traum. Wie sich alles verflüchtigt. Die erste Bagatelle war ihm gleich die liebste. Es mochte aber auch dieses rasende, dabei übersichtliche Chaos, mit dem die letzte begann. Oder vielleicht ein Vorhang, der mit Schwung hochrauscht. Und nach dem Chaos, hinter dem Vorhang – nach einer langen Pause mit Fermate, diesem geheimnisvollen Gottesauge: *andante amabile e con moto*. In sanftem, wiegendem, zuerst sehr pedalisiertem Es-Dur; später löste sich alles in Pünktchen und Flirren auf, bruchstückhaftes Singen in murmelnder und nebelnder Tiefe, auf und davon in höchste Höhe. Das einfache Thema des kleinen Ganzen aber kam ihm bekannt vor. Und nach einer Weile, noch im Spielen, fiel ihm ein, dass es (da-da-diii-da) ihn an ein anderes Andante erinnerte, ein viel früheres, das alte *Andante favori*, Lieblingsstück seiner Mutter und seiner Tanten und auch von deren Freundinnen und überhaupt *favori* aller Frauen. In diesem alten Andante waren die Taktstriche allerdings anders gezogen gewesen. Und überhaupt.

Die allerletzte Bagatelle. Am Ende wieder das Davonrasen, übersichtliches Chaos, der Vorhang: als wäre nichts gewesen.

Einige Geister waren wohl hereingekommen, während es spielte, darunter die liebe Frau mit den verbrannten Augen. Auch sie hatte ihm zugehört. Es mit den Ohren angesehen. Das Kind aber beachtete die Geister kaum, auch nicht, als es fertiggespielt hatte, sondern sah sich, noch immer auf dem gepolsterten Klavierstuhl sitzend, im Raum um, dabei weiterhin den Blick zum Sarg mit den Totenwächtern vermeidend. Stattdessen betrachtete es erneut die Leere dort, wo so viele Menschen sich herangedrängt hatten.

Der Einzige, so schien dem Kind, der nicht dabei gewesen war beim monatelangen Sterben, war derjenige, der dem Sterbenden der Allerliebste gewesen war: der Neffe. Der im letzten Sommer, entsetzlich, versucht hatte, sich das Leben zu nehmen. Oder auch *nicht* versucht hatte, also gar nicht entsetzlich. Eine Kugel war danebengegangen, eine andere hatte bloß so ein bisschen den Kopf gestreift, ein Witz geradezu. Ein Als ob, dieser Selbstmord. Oder als hätte er in Wahrheit versucht, den Himmel zu erschießen. Oder den Wald. Er hatte das auf einer Burgruine im Helenental getan, im Wald bei Baden, wo er in den Jahren zuvor manches Mal mit dem Onkel spazieren gewesen war. Undankbarkeit. Dieses Wort war öfter gefallen, schon vor der Affäre und danach erst recht. Nicht Undankbarkeit des jungen Mannes fürs heilige Geschenk des Lebens (ja, das sagte man auch, aber nur so pflichtgemäß dahin), sondern Undankbarkeit für die großzügigen Wohltaten des Onkels und für dessen unendliche Liebe. Die Eltern des

Kindes hatten daheim oft über den jungen Beethowen geklagt. Alle hatten eigentlich über ihn geklagt. Jetzt hieß es, der Neffe habe den Onkel mit seiner Undankbarkeit und seinem Selbstmordversuch in den zu frühen Tod getrieben. Nur wenige flüsterten, der Onkel habe vielmehr den Neffen in seinen Selbstmordwitz getrieben. Der Geiger Holz deutete sowas an, er hatte öfter Partei für den Jungen ergriffen und gesagt, der Junge lebe ja geradezu in Gefangenschaft, und dem Onkel den Plan ausgeredet, seinen Neffen im Karneval auf einen Maskenball zu begleiten, um ihn dort zu behüten vor allem Uibel, vor liederlichen Frauen vor allem und dergleichen; und auch angemerkt, dass der Onkel dem Neffen damals nicht hätte verbieten sollen, für Schlesinger nach London zu gehen. Solche Sachen. Aber der Holz sei zwar ein guter Geiger, jedoch ein untreuer Lump, wurde gesagt. Habe einfach geheiratet, statt sein Leben dem Meister zu weihen, wie der andere, zölibatäre Sekretär Schindler.

Nun. Das träumende Kind ahnte, jeder treibt sich selbst in den Tod.

Ich

bin schlechter geworden,
weil mich mein Onkel
besser haben wollte

hatte der Neffe bei der polizeilichen Vernehmung aufgeschrieben, gesetzt wie ein Hymnus.

War es mit der Menschheit am Ende dasselbe, wenn man sie bessern wollte, fragte sich das strebsame Kind.

Dennoch war es empört über den Neffen, dieses böse Kind. Der war über zwanzig, es selbst keine vierzehn und doch viel vernünftiger.

Es wollte das gute Kind sein.

Das Kind, das nicht rennt. (Aber es rannte gern, wie ein Sturmwind.)

Das Kind, das zuhört.

Das Kind, das dankbar ist.

Das Kind, das Klavier übt.

Es wäre der würdigere Sohn gewesen. Der wahre Sohn. Ach, wäre es der Sohn gewesen.

Nun aber war der Wunschvater gestorben an Kummer und Erkältung (die Köchin Sali und einen der Ärzte hatte das Kind allerdings darüber sprechen gehört, dass es vom Alkohol käme), und der Neffe steckte in seinem Regiment irgendwo im Mährischen, jener Zuflucht, die ihm nach dem Skandal geblieben war. In Iglau, einem Ort, der gewiss niemals irgendeinen bedeutenden Komponisten hervorbringen würde. Von dort hatte der Neffe vor einigen Wochen noch einen freundlichen, aber distanzierten Brief an den Kranken geschrieben, sich für übersendetes Geld bedankt usw. Er wusste vielleicht noch nicht mal, dass der Onkel jetzt, endlich, gestorben war.

Mein Neffffe Karle, hatte der Sterbende zuletzt zur Bestärkung nochmals auf sein Testament gekritzelt: alles ihm. Und unterzeichnet, *Luwig van Beethoven*.

Aber *alles* war schon nicht mehr hier. Nach den Vorlassklaubern waren die Nachlassklauber gekommen.

Hatten verheerende Schneisen geschlagen. Souvenirs gesichert, Andenken, auch Dokumente für die Nachwelt (oder Kompromittierendes verschwinden lassen). Aus all den Zettelbergen, scheinbar nie etwas weggeschmissen in sechsundfünfzig Jahren trotz der ewigen Umzüge. All die Notizhefte, in die die Besucher dem Tauben ihre Fragen geschrieben hatten (und in denen seine Antworten nicht standen). Auch im Bücherregal zwischen den beiden Fenstern waren Lücken und wegen der Lücken manche Bücher umgekippt. Schieflage durch Ordnungmachen, auch Staatsordnungmachen, es waren nämlich gleich nach dem Tod helläugige Finsterlinge gekommen und hatten die Regale durchgesehen und einige Bücher eingepackt. Solche mit Titeln wie *Ansichten von Religion und Kirchenthum.* Oder die Bücher des berüchtigten Regensburger Theologen Sailer, Illuminat, hieß es, früher mal Lehrer des jetzigen bayrischen Königs Ludwig, außerdem Einflüsterer der *Missa solemnis*, in Theologie wie Musik heillose Neuerung um der Neuerung willen … Jedenfalls stand auch Sailer auf dem Index, behaupteten die helläugigen Finsterlinge freundlich und nahmen noch weitere Bücher mit: Man kann doch nicht wissen –!

Kann man wissen?, fragte sich das träumende, strebsame Kind.

Anderes war erst nach dem Tod zum Vorschein gekommen. In einem zufällig entdeckten versteckten Holzkasten im Schreibschrank etwa, unter einer vielleicht fünfzehn Zentimeter hohen weißen Statue des

Brutus, hatten sich sieben Bankaktien von gehörigem Wert gefunden, außerdem ein Jahrzehnte altes, in *Heiglnstadt* verfasstes und längst ungültiges Testament sowie zwei kleine Frauenporträts und ein mit Bleistift geschriebener, wirrer Brief an eine unbekannte Frau.

Der Schreibschrank stand nicht in diesem, sondern eine Tür weiter im Noten- und Arbeitszimmer, dort, wo an der Wand unter Glas mehrere aus östlicher Philosophie entlehnte und, im Gegensatz zur Geheimlade, allen Besuchern wohlbekannte Sätze standen, deren erster lautete:

ICH BIN WAS DA IST

Und nun wandte das Kind sich, endlich, diesem Sarg in der Ecke zu. Die beiden alten Totenwächter schnarchten lautlos. Könnt ihr nicht eine Stunde mit ihm. Ach, wozu. Der wacht ja selbst nicht mehr. Und die Totenwächter waren sowieso Lumpen, diese beiden. Gegen kleines Geld ließen sie jeden herein und mitnehmen, was er wollte. Gerade, dass sie nicht den Kopf des Toten verschachert hatten! Denn irgendwer hatte ihnen, das hatten sie dann aber doch abgewehrt und gemeldet, ein hübsches Sümmchen für Beethóvens Kopf angeboten; so wie ja auch Haydns Schädel damals aus dem Grab gestohlen und seither nicht wieder aufgetaucht war. Haydn, nicht Hayden! So hatte jemand in kalligraphischer Schönschrift unter die kleine Lithographie des ärmlichen Hauses geschrieben, die der Verleger Diabelli noch dem Kranken geschenkt hatte und die dort drüben an der Wand hing: *Jos. Haydens Geburtshaus in Rohrau.*

Da hatte Beethofn getobt, vor Zorn über diesen Fehler, *oberflächlich*, hatte er immer wieder gesagt, *oberflächlich*, welcher oberflächliche Esel könne den Namen eines so großen Mannes falsch schreiben?!? *Hayden*!?! Der Klavierlehrer des Kindes, stellte sich heraus. Beethowen verlangte, das Kind solle den Klavierlehrer wechseln.

Als nennte man Beethofn *Tonsetzer* statt *Tondichter*, stimmte der Vater des Kindes zu, B.s Freund. Als ob er ein Töpfer wäre, kein Schöpfer!

Das Kind hatte den Klavierlehrer nicht gewechselt. Der Klavierlehrer war gut.

Andere hatten Wein oder Geld geschickt, das waren die willkommensten Geschenke.

Nun würde es ein großes Begängnis geben, wie für einen Fürsten. Der Dichter Krillparzer, dem die Polizei letztes Jahr das Haus durchsucht hatte (aber ohne schlimmere Folgen), würde einen erhabenen Sermon verlesen lassen. Schindler hatte ihn schon Tage vor dem Tod bestellt. Man würde einen Haufen schwerer Ziegelsteine auf den Sarg im Grab legen, damit nicht so etwas passierte wie bei Haydn.

Das Kind betrachtete jetzt den Toten. Nicht die Kerzen, nicht den Sarg aus Eichenholz, nicht die Staffage aus weißer Seide: sondern die Leiche selbst. Nicht die Lilie zwischen den Fingern: sondern die toten Hände. Schlaff und starr zugleich. Ach, dachte das strebsame träumende Kind, welche Rolle spielt es im Tod nun noch, ob einer im Leben Rechts- oder Linkshänder gewesen ist? Die Linke so tot wie die Rechte. Und betrachtete

nicht den Kranz aus Rosengirlanden ums Haupt: sondern den Kopf. Die Kugelstirn. Schöne Bescherung. Sie
hatten dem Toten rundherum die Haare abgeschnitten.
Wie skalpiert. Eine Gedenklocke nach der andern, für
einen Obolus an die vermaledeiten Totenwächter – was
die Vorlassklauber bereits am Lebenden, in Agonie, begonnen, hatten die Nachlassgrabscher vollendet. Die
komplette Verheerung des Hauptes.

Hätten sie lieber gleich den ganzen Kopf verkaufen
sollen.

Dabei hätte das Kind sich selbst gern noch eine Locke
abgeschnitten.

Wenn man ihm einen Zahn zöge?

Und für einen Moment war ihm, als grinste der Tote
mit seinen eingefallenen Wangen es an. Als wollte er die
Lebenden auslachen. Oder die Träumenden. Oder bloß
Lebende und Träumende zum Lachen auffordern? Draußen schien ja die Sonne, im Rücken des Kindes durch die
Fenster des großen Raumes. Die Sonne lacht, die Sonne
weint.

Und eilig wandte das Kind sich ab und verließ, ohne
noch einen Blick auf irgendetwas, auf die Klaviere, auf
die Geister, zu werfen, die stille Wohnung. Schloss lautlos die Tür hinter sich und ging die Treppe hinunter. Da
bemerkte es, dass es nun seine eigenen Schritte auf den
Stufen vernahm. Nicht in voller Lautstärke zwar, aber
doch ein klein wenig und allmählich stärker werdend.
Und es erschrak darüber, wie morsch und heruntergе-
kommen diese Treppe auf einmal war. Siebzig, acht-

zig Jahre wie im Flug vergangen. Das Schwarze Haus würde in einigen Tagen demoliert werden. Morgen fände noch eine *solenne Musikfeier* in der leerstehenden Wohnung statt, ein Abschiedsritual vor zweihundertfünfzig geladenen Gästen, wie zur Entweihung einer geheiligten Stätte. So heilig allerdings, dass sie nicht demoliert würde zugunsten eines zeitgemäßen Neubaus, war sie doch wieder nicht. Auch das Heilige ist eine Frage der Verhältnismäßigkeit. Zuvor hatte man noch die Räume der besagten Wohnung vermessen, ein Photograph hatte alles abgelichtet und auf die Photographien Pfeile und Kreuze eingezeichnet und mit weißem Stift notiert: *SOLL «B» GEBADET HABEN* und dergleichen. Und Holzböden und Türen waren entnommen worden und sowas, und wieder waren die Klauber drin gewesen, hatten sich sogar Tapetenstücke abgefetzt zur Erinnerung, als wärens Haarlocken, Tapeten übrigens, die natürlich aus späterer Zeit stammten, von späteren Mietern, von irgendeinem Professor Exner. Lächerliche Andenken. Geradezu peinlich aber, was wenige Wochen vor der solennen Musikfeier passiert war: Da hatte ein komischer Vogel namens Weininger sich ein Zimmer in der besagten Wohnung gemietet – nicht als erster Verehrer, das hatte bereits der schmachtblickende Milchbart Lenau getan, und ein Maler namens Menzel hatte auch mal die Zimmer gezeichnet; aber weder Menzel noch Lenau hatte sich hier wie dieser Weininiger, in irrer Wichtigtuerei, eine Kugel in den Kopf geschossen. Kein Schuss in die Zimmerluft oder die Wand oder

Decke, sondern entschlossener als der nun auch schon vor Jahrzehnten gestorbene Neffe, der noch geheiratet und fünf Kinder bekommen hatte (darunter einen Ludwig den Manweißnichtwievielten, der vor dem Gefängnis nach Amerika floh und Eisenbahndirektor wurde, aber das ist eine andere Geschichte): direkt ins Gehirn rein, dieser Weininger.

Vielleicht gut also, dass das Schwarzspanierhaus abgerissen würde.

Das träumende Kind trat nun aus der Haustür hinaus aufs Trottoir, in den hellen Tag, und in ebendiesem Moment fiel ihm ein, dass es jetzt tun wolle, was es beim frühmorgendlichen Herkommen vergessen hatte, nämlich schauen, ob etwa sogar die Vögel am Himmel schliefen. Es schaute hoch, und da flogen die Vögel, hoch oben eine Schar Enten in einer keilförmigen Ordnung, und höher über ihnen noch etwas, ein dem Kind unbekanntes Flugobjekt, ein (als wollte es, lächerlich aussichtsloser und dennoch beängstigender Versuch, den Himmel selbst erhellen) leuchtend dahingleitendes Silberfischlein mit fernem Brummen in der früher stummen Himmelshöhe. Brachte das nicht die Ordnung der, unsichtbaren, Gestirne durcheinander? Viel näher hingegen Tauben und erste Schwalben um die Dächer, und in der Luft auch ihr Flügelschlagen und schnarrendes Zwitschern, und tausend andere, ganz seltsame Geräusche. Denn als das Kind wieder geradeaus blickte, war auch ringsherum alles wach. Die Bierkutscher und ihre Pferde, die Mägde und die Grabennymphen. Die beiden Bettelkinder, die hinter dem Busch geschlafen hatten, liefen auch herum, aber sie sahen ganz anders aus jetzt. Und lauter Leute nun, die vorhin noch nicht dagewesen waren. Geschäftsleute eilten an ihm vorbei, Spaziergänger schlenderten, Besucher aus nahen und fernen Ländern blieben stehen. Sehr veränderte Kutschen. Die Geister aber gingen immer noch herum, nur unscheinbarer. Und die Stadt, die eben noch, nah gelegen, unendlich weit entfernt gewesen war, war wieder herangekommen, näher denn je, sogar rund um das Kind herum, lauter schwere steinerne Gebäude standen mitten auf dem Glacis, das es nicht mehr gab, und sogar *unter* dem Kind war Stadt, denn in der nun gänzlich zugepflasterten Erde ratterten die unterirdischen Stellwagen. Die Erde bebte, und ein Drahtesel riss das träumende Kind fast um. Das ist ein Gehweg, du Depp, rief irgendwer dem Drahtesel nach.

Das Kind aber drehte sich noch einmal um, und das rheinweinfarbene Schwarze Haus war nicht mehr da. Drehte sich zur Seite, und das Rote Haus war ebenfalls verschwunden, das Haus seiner Kindheit, das Haus seiner Mutter und des Vaters, der wenige Wochen nach seinem Freund diesem nachgestorben war. Und auch das träumende Kind fühlte sich, im Angesicht der Jahrzehnte und Jahrhunderte, schon nicht mehr ganz gesund.

Aber nur einen Augenblick lang.